목사님, 베드로도 뱃사람이었습니다

신광해 지음

BM 성안당

프롤로그

평소 자전거를 취미삼아 달리면서 건강을 유지하였습니다.
일 년에 한 차례 자전거 친구들과 시카고에서 100마일을 달릴 만큼 건강했던 저는 지금 담도암이라는 쉽지 않은 병을 얻어 병상에 누워 있습니다.
직선의 줄을 하나 그어 두고
양쪽에 삶과 죽음이라고 써 두었을 때
제 생각과 믿음은 삶 쪽 가까운 어딘가에 있는 듯하지만
제 몸의 상태는 죽음 쪽에 훨씬 가까움을 느낍니다.

그러나 하나님의 뜻이고 명령이기에
쉬지 않고 기도하고 있고
범사에 감사하고 있습니다.

감사할 제목이 이렇게 많은 줄 몰랐습니다.
중보기도의 배경이 너무도 두터운 것도 감사하고
담도암 수술이 한국이 세계 최고의 기술을 자랑하는데 제가 한국 사람으로 태어나 현재 한국에 와 있는 것도 감사합니다.
얼마 전 의료상조회에 가입하여 치료비 지원을 받게 됨도 감사한 제목입니다.
갑자기 병가를 받아 두고 온 아가페 교회가 더욱 평안하고 든든히 세워져 감도 감사한 일입니다.

"항상 기뻐하라."는 하나님의 말씀처럼 제겐 기쁨이 있습니다.
자랑할 것 없는 이 죄인이 예수님을 구세주로 믿게 하셔서 죽어도 주님 옆에서 눈을 뜨게 하여 주신 구원의 은혜를 생각하면 벅찬 기쁨이 있습니다.
혹, 살려 주셔서 다시 시카고로 가게 하시면 더욱 정결한 주님의 신부로 남은 생애를 더욱 헌신할 수 있게 하심도 기뻐할 이유입니다.
사랑하는 가족들과 교우들과 친지들 또한 무엇과도 바꿀 수 없는 기쁨의 원천입니다.

죽음을 생각하면서 지난 졸작들을 보니 참 부끄럽습니다.
그러나 제 생각이 묻어 있고
제가 은혜 받았던 예화들이 있어서
혹 이 글들 가운데 하나라도 어떤 분의 영혼에 도움이 될 수 있다면 그것으로 만족하겠습니다.

매주 나가던 방송 칼럼이다 보니 시간에 쫓기고 깊은 묵상이 부족한 글들이기에 벌거벗은 느낌입니다.
그러나 하나님의 은혜로 이종춘 장로님을 너무나 우연히 만나게 하시고, 전적인 후원으로 이 책이 나오게 되었기에 순종하는 마음으로 이 책을 냅니다.
하나님께 감사하며 이종춘 회장님, 그리고 제작을 위해 수고하신 많은 분들께 진심 감사를 드립니다.

2016년 4월 1일
신광해

차 례

제 6 장

제 7 장

제 8 장

제 9 장

제 10 장

제 11 장

제 1 장

목사님, 베드로도 뱃사람이었습니다

지금도 고난에서 건지시는 하나님

두려움을 넘어서

자녀의 청지기

감사하는 기도생활

거룩한 꿈을 꾸는 성도

영광스러운 천국

목사님, 베드로도 뱃사람이었습니다

2011. 3. 13.

저의 결혼을 앞두고 양가에서는 신부가 다니는 교회의 목사님이 주례를 하기로 결정하였습니다. 제가 다니던 영암교회의 임옥 목사님은 저를 잘 아시지만 신부측 목사님이었던 광림교회 김선도 목사님은 저를 전혀 알지 못하시기에 함께 찾아가 인사를 드리기로 하였습니다. 아내를 귀여워해 주셨던 김선도 목사님이 제가 무엇을 하는 청년이냐고 물으셨습니다. 해양대학을 나와 배를 타던 사람인데 앞으로 신학을 하려 한다고 말씀드렸더니 대뜸 하시는 말씀이 "뱃사람도 신학을 하나?" 하셨습니다. 아마 뱃사람이라고 하면 거칠고 신앙생활과는 거리가 멀다고 생각하셨나 봅니다. 그래서 제가 말씀드렸습니다. "목사님, 베드로도 뱃사람이었습니다." 그러자 목사님이 그런 생각은 못해 봤다고 하시면서 껄껄 웃으셨습니다.

세상에는 편견이란 것이 있습니다. 일단 우리의 눈에서 많은 것이 판단되어 버립니다. 인터넷 광고에서는 0.5초 안에 물건이 팔릴지 말지가 결정된다고 합니다. 그 물건의 내용을 알아보기도 전에 모양과 색깔 등 외적인 면에서 거의 결정이 이뤄집니다. 학교에서도 똑같은 잘못을 저질러도 예쁘게 생긴 아이들은 교사들의 체벌이 훨씬 가볍게 나타난다고 합니다.

요나 선지자는 하나님께 대한 편견에 빠져 있었습니다. 하나님은 공의로우셔서 심판에도 엄하시지만, 또한 사랑의 하나님이시기에 용서와 새로운 기회에도 후하신 분이십니다. 그런데 요나의 생각에 자기의 조국 북이스라엘을 괴롭히던 앗수르의 중심 니느웨 사람들은 마땅히 하나님의 진노를 받아 멸망 당해야 한다고 생각하였습니다. 니느웨는 지금의 이라크 모술 지역입니다. 하나님께서 요나를 니느웨로 보내시면서 그들에게 회개하고 용서 받도록 외치라고 하셨을 때 요나는 악의 축과 같은 니느웨가 혹 용서받고 멸망을 피해 가면 안 된다고 생각하였습니다. 그래서 요나는 니느웨와 반대 방향인 다시스로 가는 배에 올랐습니다. 니느웨는 결코 용서 받아서는 안 될 땅이라는 편견 때문에 하나님의 명령에 불순종하였고, 사상 초유로 큰 물고기 뱃속에 들어가는 고난에 빠지게 되었습니다.

예수님께서 공생애를 시작하시면서 제자들을 부르실 때 갈릴리로 가시던 길에서 빌립을 불러 제자로 삼으셨습니다. 빌립은 자기의 친구 나다나엘에게 메시아이신 예수님을 만났다고 전하자 나다나엘은 "나사렛에서 무슨 선한 것이 나올 수 있느냐?"(요 1:46)고 말합니다. 나사렛 같은 시골에서 존경받는 선지자도 나기 힘든데 무슨 메시아가 날 수 있겠느냐는 것이었습니다. 하나님의 아들인 만큼 놀랄만한 배경을 가지고 오실 것이라는 자신의 편견 때문이었습니다. 그러나 주님을 만난 나다나엘은 기도의 사람으로 격려해 주시는 주님 앞에 편견을 내려놓고 기꺼이 제자가 되었습니다.

우리는 신앙생활에서 편견을 조심해야 합니다. 전도할 때도 믿을 것 같지 않아 보이는 사람들을 우리 스스로 판단하여 아예 신앙생활을 권하지 않게 됩니다. 하나님을 보는 시선에서도 사랑의 하나님, 자비의 하나님만 바라보면서, 죄를 찾아 벌하시는 공의의 하나님을 외면하는 편견에 빠지기 쉽습니다. 교회에서도 교육만 강조하는 사람이 있는가 하면, 선교가 가장 중요하다고 외치는 사람도 있습니다. 어떤 사람은 찬양을 가장 중시하기도 합니다. 일종의 편견입니다.

소년 목동 다윗은 골리앗의 상대가 되지 않았습니다. 그 누구도 다윗의 승리는 불가능하다고 생각하였습니다. 물론 하나님의 능력을 덧입지 않았다면 당연한 일이지만 우리의 편견 때문에 하나님의 능력에 제한을 두어서는 안 됩니다. 전능하신 하나님은 모든 것을 이루시기에 능하신 분이십니다.

"여호와의 구원하심이 칼과 창에 있지 아니함을 이 무리에게 알게 하리라. 전쟁은 여호와께 속한 것인즉 그가 너희를 우리 손에 넘기시리라."

사무엘상 17장의 말씀입니다. (47절)

지금도 고난에서 건지시는 하나님

2011. 3. 20.

중동과 아프리카 지역에서는 독재정권들로부터 자유를 이끌어 내기 위한 투쟁이 계속되면서 수천 명의 시민들이 희생되었습니다. 한 달 전에는 뉴질랜드 크라이스트 처치에서 강도 6.3의 지진이 발생하여 수많은 건물들이 무너지고 사상자가 속출하였습니다. 지금 일본은 9.0이라는 최악의 지진과 쓰나미로 수만 명의 사상자가 발생하였습니다. 또한 원전폭발의 위협 속에서 하루하루 사투를 벌이고 있습니다. 크게는 이런 국가적인 고통이 있는가 하면 작게는 가정의 고통이 있으며, 우리는 오늘도 나름대로 개인적인 고통에 시달리며 삽니다. 그러나 돌이켜보면 과거에 다른 종류의 고통 가운데 방황할 때 건져주신 하나님은 지금 우리가 직면한 고통 중에서도 건져 주실 것을 믿게 해 주십니다.

다윗이 사울왕에게 쫓겨 다닐 때 그는 더 이상 자기 나라에서는 숨을 만한 곳이 없었습니다. 할 수 없이 부하 600명을 데리고 이웃에 있던 적국 블레셋으로 망명을 들어갑니다. 불행히도 얼마 후 블레셋과 자기 조국 이스라엘 사이에 전쟁이 일어나게 되자 다윗도 자기 부하들과 함께 이 전쟁에 참전하게 됩니다. 얼마 전까지만 해도 블레셋과 싸우던 다윗이었습니다. 그런데 이제는 블레셋의 군복을 입고 조국을 향해 칼을 들어야 하는 상황이 되었습니다. 다윗의 마음은 한없이 무거웠습니다. 그는 곤혹스런 이 순간에 하나님의 도우심을 간절히 기도하였을 것입니다. 이 때 하나님께서는 블레셋 장군들의 마음을 움직이셔서 다윗 장군을 이 전쟁에서 제외시키게 하였습니다. 다윗은 블레셋에 대한 자신의 충성을 보이고 싶은데 기회를 주지 않는다고 큰 소리 치면서 물러났지만 속으로는 어려움 중에서 건지시는 하나님을 찬양하며 한없는 기쁨 중에 자기들의 거처 시글락 성으로 돌아왔을 것입니다.

그런데 시글락 성을 한 사흘 비워 둔 사이에 큰 사건이 생겼습니다. 남자들이 전쟁에 나간 틈을 타고 아말렉 사람들이 성으로 쳐들어와 성을 불지르고 여자와 아이들과 모든 재산을 탈취해서 도망가 버렸습니다. 가족을 한 순간에 모두 잃어버린 다윗과 부하들이 얼마나 상심하고 울었는지 더 이상 울 힘이 없도록 통곡하였습니다. 더구나 부하들 중에 이 모든 책임을 지도자인 다윗에게 물어 다윗을 돌로 치자는 무리도 생겨났습니다. 다윗은 또 다른 깊은 환난에 빠지게 되었습니다. 순간 다윗의 가슴을 감동시키는 믿음의 음성이 들렸습니다. 과거 사울 왕의 손에서도 번번이 구해 주셨고, 불과 사흘 전에도 어려운 상황에서 건져 주신 하나님이신데 지금 당하고 있는 어려움에서 건져 주지 아니하시겠느냐는 체험적인 신앙이었습니다. 그는 결국 군사 400명을 이끌고 아말렉으로 쳐 들어가 처자식과 모든 재물을 탈취하여 돌아오게 됩니다. 전에 고난에서 건져주신 하나님은 지금 우리가 당하고 있는 고난에서도 건져 주십니다.

톨스토이는 백작의 아들로 태어났습니다. 그 아버지는 러시아의 야스나야 포리야나의 영주로서 1000명의 농노들을 거느리고 있었습니다. 부잣집 아들로서 부귀와 영화를 보장받은 톨스토이였지만 그의 삶은 순탄하지 않았습니다. 태어난 지 1년 반 만에 어머니가 돌아가셨고, 교육을 위해 모스크바의 할머니 집으로 이사한 지 얼마 되지 않아 아버지가 뇌일혈로 사망하였습니다. 그 충격으로 할머니마저 잃게 되자 톨스토이 형제들은 고모와 유모에게 나뉘어 지내게 됩니다. 그러나 얼마 후 고모마저 돌아가셨고, 그 장례식 도중에 톨스토이가 너무나 사랑하던 강아지마저 옆집 개에게 물려 죽었습니다. 계속되는 죽음의 행렬 속에 톨스토이는 인생을 더욱 깊이 볼 수 있게 되었고, 결국 모든 고난에서 건지시는 하나님을 만나게 됩니다. 그는 그 후로 어떤 어려움이 있더라고 절망하지 않고 하나님을 의지하며 살았습니다. 불후의 명작 '부활'은 그의 만년에 이런 신앙과 이웃 사랑의 열매로 태어나게 되었습니다.

지금 말할 수 없는 어려움에 직면해 있지는 않으십니까? 모함과 비난에 시달리고 있지는 않습니까? 자녀의 탈선 때문에 먹구름이 가정을 덮고 있지는 않습니까? 과거의 고난에서 건져 주신 하나님은 지금의 고난도 해결해 주실 수 있는 분이십니다.

"그가 이같이 큰 사망에서 우리를 건지셨고, 또 건지실 것이며, 이후에도 건지시기를 그에게 바라노라."
고린도후서 1장의 말씀입니다. (10절)

두려움을 넘어서

2011. 5 .15.

두 마리의 독수리가 살고 있었습니다. 그 중에 한 독수리가 더욱 힘이 세고, 잘생겼습니다. 모든 짐승들은 힘이 센 독수리에게 호감을 가지고 칭송하였습니다. 그러자 조금 못한 독수리는 열등감에 빠졌습니다. 힘으로도, 머리로도 당할 수 없자 그 독수리는 사냥꾼을 찾아와 선물을 주면서 힘 센 독수리를 죽여 달라고 부탁하였습니다. 사냥꾼은 화살이 정확하게 날아가게 하기 위해서는 화살 끝에 달 깃털이 필요하다고 하였습니다. 그러자 독수리는 자신의 오른쪽 날개를 들어 보이면서 가장 좋은 날개털을 세 개 뽑으라고 했습니다. 사냥꾼은 독수리의 깃털로 만든 화살을 날렸습니다. 그런데 안타깝게도 화살은 힘 센 독수리를 명중하지 못하고 휘어져 날아갔습니다. 사냥꾼이 다른 깃털이 필요하다고 하자 독수리는 다른 깃털을 뽑아 화살을 만들도록 하였습니다.

그러나 이번에도 화살이 빗나가고 말았습니다. 몇 차례 실패하는 동안 독수리의 오른쪽 날개의 크고 좋은 깃털은 다 빠져 버렸습니다. 더 이상 뽑을 깃털이 없자 이번에는 왼쪽 날개를 들어 보이면서 가장 좋은 날개털을 뽑아 화살을 만들라고 하였습니다. 결국 두 날개의 좋은 깃털을 다 뽑았지만 청부 살인은 실패하고 말았습니다. 힘이 약한 독수리는 다른 사냥꾼에게 부탁하려고 날아가려고 하였지만 날개 아래로 바람이 새어서 더 이상 날아갈 수가 없었습니다. 결국 땅 위에 기뚱거리며 기어가는 독수리를 사냥꾼이 집어다 망태에 넣고 떠났다고 합니다. 좌절이나 질투심, 열등감과 두려움은 사람을 죽게 한다는 것을 교훈하는 동화입니다.

누가복음 22장에서 예수님의 제자들은 누가 크냐는 화제로 서로 논쟁을 하고 있을 때 천국에서는 섬기는 자가 큰 자라고 주님은 말씀하십니다. 그러다가 예수님은 불쑥 베드로에게 말씀하십니다.

“시몬아, 사탄이 너를 밀 까부르듯 하려고 너를 시험하였지만 내가 너를 위하여 기도하였기에 네 믿음이 완전히 바닥으로 떨어지지는 않을 것이다. 앞으로 너는 돌이킨 후에 네 형제들을 굳게 할 것이다.”

그러자 베드로가 대답합니다.

"아닙니다. 예수님, 절대 그런 일은 없을 것입니다. 저는 감옥에 갈 준비 뿐 아니라 죽을 준비까지 다 되어 있습니다. 모두 도망가더라도 저는 끝까지 주님을 지켜 드릴 것입니다."

그러자 주님은 말씀하십니다.

“베드로야, 내가 네게 말하노니 오늘 닭 울기 전에 네가 세 번 나를 모른다고 부인하리라.” (눅 22 : 34)

말씀을 다시 정리해서 생각해 보면 이렇습니다. 베드로가 앞으로 예수님을 모른다고 부인하면서 마귀에게 넘어질 것이라고 주님은 예언하십니다. 예수님의 말씀대로 베드로는 넘어졌는데, 그 정도가 심하여 맹세하고 저주까지 하면서 주님을 부인하며 넘어졌습니다. 베드로는 열등감과 좌절과 두려움에 빠졌습니다. 그러나 닭소리를 듣는 순간 베드로는 통곡하면서 철저하게 회개합니다.

베드로는 가룟 유다처럼 주님을 완전히 떠난 것이 아니라 회개하고 다시 일어나게 됩니다. 그리고 다시 성령으로 충만하게 되었을 때 베드로는 완전히 회복되어 불같이 일어나 일하게 되었습니다. 말년에 복음을 위하여 십자가에 거꾸로 못 박혀 죽을 만큼 베드로는 큰 믿음의 사람이 되었습니다.

우리는 신앙생활하면서 항상 즐겁고 승리하면서 살지 않습니다. 때로는 넘어지고 절망하기도 합니다. 이런 열등감과 두려움을 이기기 위하여 성령님의 능력을 받아야 합니다. 두려워하는 마음은 하나님께서 주시는 마음이 아닙니다. 열등감과 두려움은 결코 자연스러운 현상이 아닙니다. 마귀가 주는 마음이기에 우리는 이런 마음에서 반드시 벗어나야 합니다. 우리의 마음에 있는 작은 믿음의 불씨에 지푸라기를 갖다 대고 바람을 조금씩 불어 불씨를 더 크게 살려야 합니다. 그리고 가는 가지를 붙이고, 다시 더 큰 가지를 붙여 주면서 큰 불길로 지펴야 합니다. 믿음의 장작이 활활 타오르게 해야 합니다.

사랑하는 여러분, 때로 연약해지고, 절망이 되고, 두려움이 임할 때, 기도하시면서 성령충만 받으시기 바랍니다. 그래서 능력과 사랑과 근신의 마음으로 절망과 두려움에서 벗어나 베드로처럼 새롭게 뜨거워지고 믿음의 큰 불을 일으키시기 바랍니다.

"그러므로 내가 나의 안수함으로 네 속에 있는 하나님의 은사를 다시 불일 듯 하게 하기 위하여 너로 생각하게 하노니 하나님이 우리에게 주신 것은 두려워하는 마음이 아니요 오직 능력과 사랑과 절제하는 마음이니"

디모데후서 1장의 말씀입니다. (6, 7절)

자녀의 청지기

2011. 5. 1.

불이 타는 듯한 사막에 큰 나무 한 그루가 서 있었습니다. 그 아래엔 샘물이 고여 있어서 뜨거운 사막을 여행하는 대상들에게 갈급한 목을 축이는 깨끗한 물과 시원한 그늘을 제공해 주고 있었습니다. 그런데 이 오아시스에는 주인이 있어서 여행자들에게 돈을 받고 물을 팔고 있었습니다. 어느 날 이 주인이 아침 일찍 나와 보니 그 큰 나무의 잎들이 촉촉히 젖어 있는 것을 발견할 수 있었습니다. 이 이슬을 보면서 주인은 그 나무가 샘물을 다 빨아 먹고 있다고 생각되어 물을 더 많이 팔기 위해 나무를 베어 버렸습니다. 나무를 없앤 후에 물이 더욱 많이 고이리라고 생각했지만 뜨거운 햇볕과 모래 바람을 막아주던 나무가 없어진 후에 물은 하루하루 줄어들었습니다. 결국 샘은 다 말라 버렸고 낙타와 대상들은 물론 주인조차 물을 찾아 볼 수 없게 되었습니다.

많은 사람들이 이 오아시스의 주인처럼 자기에게 주어진 것을 관리하기 보다는 소유하려는데 관심을 가집니다. 결국 우리는 아무것도 가지고 갈 수 없는 인생인 줄 잘 알면서도 오늘도 더 가지겠다고 속이고 싸우고 무리하며 살아갑니다. 광활한 땅을 정복했던 알렉산더 대왕을 장사 지낼 때 두 손을 관 밖으로 내어 놓고 장례식을 치렀다고 합니다. 이유는 그처럼 넓은 땅을 차지했던 사람도 결국은 빈손으로 간다는 것을 보여주기 위함이었습니다. 하나님께서는 우리 인간들을 관리인으로 부르셨습니다. 물질과 시간과 자녀와 모든 것을 잠깐 관리하도록 맡겨 두셨습니다.

아주머니 한 분이 미국으로 이민 오시면서 한국의 부동산을 오빠에게 맡겨 두었다고 합니다. 영주권자이기 때문에 당할지 모르는 법적인 손해를 막기 위해 땅의 명의도 오빠의 이름으로 등기 하였습니다. 몇 년이 지나서 그 부동산의 값이 엄청나게 오르게 되었습니다. 이 아주머니는 그 땅을 팔아 시카고에서 사업을 확장시키려고 한국에 나갔습니다. 그러나 그 동안 오랜 시일이 지났고 가격도 크게 오르게 되자 오빠가 예전 같지 않았습니다. 벌써 오빠의 마음은 반 이상 그 땅의 주인이 되어 있었습니다. 팔려고 해도 도장을 주지 않습니다. 이 아주머니는 더 이상 주인 아닌 주인이 되어버려서 결국 빈손으로 돌아와 오빠를 원수로 삼고 말았습니다. 저는 이 이야기를 들으면서 바로 우리가 이 뻔뻔스러운 오빠가 되어 있다고 생각해 보았습니다. 하나님께서 우리 생명의 기한 동안 관리하도록 맡겨 두신 육체와 재산과 가정을 우리의 소유처럼 여기며 사는 사람을 많이 봅니다. 심지어는 아예 하나님이 없다고 하면서 자신이 주인이 되어 자기 마음대로 살아갑니다.

하나님께서 에덴 동산을 창조하신 후 첫 사람 아담을 만드셨습니다. 그 동산 안에는 열매를 먹지 말아야 할 실과나무가 한 그루 있었습니다.

하나님께서 선악을 알게 하는 나무를 동산 가운데 세워 두신 이유 중 하나는 금단의 열매를 볼 때마다 사람이 자기 마음대로 주인처럼 사는 것이 아님을 항상 기억하게 하기 위함이었습니다. 그런데 마귀는 이렇게 속삭입니다. "당신의 이성으로 판단하면서 사세요. 당신은 이 동산의 주인입니다. 당신이 원하는 대로 마음대로 살아가세요. 인생은 당신 것입니다. 무엇을 주저하세요? 주인이 왜 자기 집안에 있는 열매를 먹는데 제한을 받아야 합니까? 선악과를 먹으세요. 그러면 당신의 눈이 밝아져 주인인 하나님처럼 될 것입니다." 타락한 인간의 죄성은 자신이 인생의 주인이 되려는 유혹에 빠지면서부터 시작되었습니다. 뉴에이지 사상은 지금도 우리에게 관리자가 아닌 주인으로 마음대로 살라고 유혹합니다.

5월 첫 주일은 어린이 주일입니다. 우리의 자녀들은 하나님의 소유로서 우리에게 잠깐 관리하도록 맡겨 두셨습니다. 솔로몬 시대에 두 아기의 어머니가 서로 살아있는 아기가 자기 아기라고 주장하자 왕은 산 아이를 반으로 나눠 주라는 유명한 판결을 하였습니다. 그러자 친 어머니는 그 아이를 다른 여인에게 그냥 주라고 하였습니다. 이 여인은 자식을 사랑하기에 자기 아기를 소유하기 보다는 아이의 청지기로 살기로 하였기 때문입니다. 모세의 어머니도 자식을 소유하기 보다는 하나님의 자녀로 맡아 관리하는 여인으로 살았습니다. 바울은 육신의 아들은 없었지만 믿음의 계승자 디도를 참 아들이라고 불렀습니다. 그는 또한 구차한 환경의 옥중에서도 오네시모라는 믿음의 아들을 낳아 관리하고 양육하는 청지기로 살았습니다. 이들은 오아시스의 시원한 샘물을 소유하기 보다는 관리하던 삶을 살았던 사람들입니다.

우리에게 맡겨 주신 아이들을 사랑하며 잘 관리할 때 이 아이들을 지키는 천사들이 우리의 선하고 충성된 삶을 하나님께 전한다고 성경은 말씀하십니다.

> "삼가 이 작은 자 중의 하나도 업신여기지 말라. 너희에게 말하노니 그들의 천사들이 하늘에서 하늘에 계신 내 아버지의 얼굴을 항상 뵈옵느니라."
>
> 마태복음 18장의 말씀입니다. (10절)

감사하는 기도생활

2011. 4. 24.

지진과 쓰나미와 원전 누출사고로 폐허가 된 일본 동부 지역의 참상은 이루 말할 수가 없습니다. 약 4만 명의 사망으로 가족과 친구 등 사랑하는 사람들을 잃었고, 집과 직장과 모든 것을 한 순간에 잃은 마음은 공황 상태에 빠지게 만듭니다. 그런 반면 우리는 미국에 살고 있다는 자체만으로도 감사의 조건이 되기에 충분합니다. 어떤 분에게 감사할 일이 있느냐고 물으면 별로 없다는 분이 가끔 계신데 이런 분들은 주위의 사람들과 비교할 때 자신이 상대적으로 윤택한 환경이 아니기 때문입니다. 그러나 더욱 큰 눈으로 우리가 속한 사회를 두고 비교한다면 우리의 위치가 훨씬 감사한 환경에 있음을 발견하게 됩니다.

60억 명이 넘는 세계 인구는 너무 큰 숫자이어서 감이 잘 오지 않습니다. 이 숫자를 100명으로 줄여서 생각한 「세계가 만일 100명의 마을이라면」 이라는 책에 이런 이야기가 나옵니다. 이 마을에서 17명은 오염

된 더러운 물을 마시고 있어서 언제 죽을지 모릅니다. 이 사람들은 언제 어떤 바이러스에 감염될지 모르기에 항상 죽음에 노출되어 있는 사람들입니다. 적어도 깨끗한 물을 마실 수 있고 깨끗한 음식을 먹을 수 있음에 감사해야 합니다. 은행에 약간의 예금이 있고 지금 당신 지갑 안에 어느 정도의 돈이 들어 있다면 당신은 100명 중 8명 안에 드는 사람이 됩니다. 비상시를 위한 어떤 대책도 없이, 있으면 먹고 없으면 굶으며 사는 사람이 100명 중에 92명이나 됩니다. 고물 자동차라도 차를 몰고 생활하다면 100명이 사는 마을에서 상위 일곱 명에 해당합니다. 컴퓨터가 몇 대씩 있는 집도 있고, 회사마다 가게마다 컴퓨터를 사용하고 있어서 컴퓨터가 무척이나 흔해 보이지만 100명이 사는 지구라는 마을에 단 두 명 만이 컴퓨터를 사용하고 있습니다. 더구나 14명은 아예 글을 모르는 사람들입니다. 또한 당신이 대학을 나왔다면 당신은 100명이 사는 마을의 100명 중 최고 한 사람에 속합니다.

골로새서에는 "기도를 계속하고, 기도에 감사함으로 깨어 있으라."(4 : 2)고 말씀하고 있는데 사실 번역이 좀 어렵게 되어 있습니다. 기도를 계속하라는 말은 알겠는데, 감사함으로 깨어 있으라는 말은 명쾌하게 가슴에 와 닿지 않습니다. NIV 영어 성경을 보면 "Devote yourselves to prayer, being watchful and thankful."이라고 번역되어 있습니다. 열심히 기도생활에 힘쓰는데 어떻게 열심을 내느냐 하면 'being watchful and thankful' 곧 기도한 내용의 응답을 살펴보면서 응답받은 제목에 감사하는 기도를 드리라고 하십니다. 우리가 드리는 기도의 많은 부분이 "이것 해 주세요, 저것 해 주세요."하는 간구일 때가 많습니다. 그런데 문제는 기도하고 나서는 하나님께 간구했던 사실조차 잊어버린다는 것입니다. 응답이 있었는지 없었는지에는 상관없이 기도만 하고 끝나는 성도가 있습니다.

이런 간증 말씀 드리는 것이 무척 부담되지만 저는 목사로서 꼭 필요한 자질인 언변이 너무 부족합니다. 어떤 목사님은 교회 나오지 않고 피하는 사람을 두 번만 만나게 해 주면 다시 교회에 나오게 할 자신이 있다고 하는데 저는 그런 기회를 열 번 만들어 주어도 설득해서 나오게 할 자신이 없습니다. 그런데 설교는 말로써 해야 하기에 저는 주일설교를 위하여 하루도 빠지지 않고 매일 드리는 기도가 있습니다. "말씀의 지혜와 말씀의 능력과 말씀의 권세를 주시옵소서." 하고 기도드립니다. 그리고 설교가 끝날 때마다 응답에 감사하는 기도를 드립니다. 설교를 잘했기 때문이 아니라 제 언변보다는 훨씬 은혜로운 설교였기에 이 모든 것이 하나님께서 주신 기도의 응답이라고 믿기 때문입니다.

혹시 여러분의 기도가 달라는 간구만 많이 하고 응답에는 관심이 없었는지 살펴보시기 바랍니다. 기도를 아뢰었던 대로 사업이 안정되었다면 감사의 기도를 드려야 합니다. 기도한 대로 건강이 회복되었으면 감사의 기도를 드려야 합니다. 기도한 대로 비자가 해결되었다거나 여행을 무사히 다녀왔다면 감사의 기도를 드려야 합니다. 응답을 받고도 감사 기도하지 않았다면 회개해야 합니다. '쉬지 말고 기도'하는 삶도 귀하지만 '범사에 감사'하는 생활은 더욱 귀합니다.

> "싫증을 내지 말고 꾸준히 기도하십시오. 하나님의 응답을 기다리고 응답이 이루어졌을 때는 감사하는 일을 잊지 마십시오."
> 「현대어 성경」 골로새서 4장의 말씀입니다. (2절)

거룩한 꿈을 꾸는 성도

2011. 3. 27.

제가 미국에 유학 와서 처음 만나 가깝게 지내던 유학생 가정이 있었습니다. 그 분의 아버지가 고아원에서 일을 하고 있을 때, 우물에 빠진 고아를 구하려고 들어 가셨다가 순직하게 되자 그는 그 고아원에서 어렵게 자랐습니다. 건국대학교에 진학하게 되었지만 항상 돈이 부족하였습니다. 1학년이 끝날 즈음 마침 돈을 벌 수 있는 좋은 기회가 왔는데, 입학시험을 위해 모이는 학생들에게 작년도 입학시험 문제를 프린트하여 파는 일이었습니다. 학교 입구에서 소리치며 문제지를 팔고 있는데 갑자기 수위 아저씨가 나타나 그 학생을 쫓아내었습니다. 자기는 잡상인이 아니고 이 학교의 학생이라고 다시 부탁하였지만 소용없었습니다. 그 순간 이 학생은 "앞으로 반드시 이 학교의 교수가 되어 저 수위의 인사를 받으며 이 교문을 드나들겠다."는 굳은 결심을 하였습니다. 과연 힘든 유학 과정이었지만 그는 그 꿈을 끝없이 되뇌이면서 공부를 마칠 수 있었고, 지금은 건국대학교의 인기 교수로서 후진들을 가르치고 있습니다.

물론 이 땅의 꿈도 중요합니다. 그러나 우리는 하늘의 꿈, 거룩한 꿈을 꾸어야 합니다. 영원한 천국을 바라보며 하나님의 인정을 받는 거룩한 성도의 비전을 가져야 합니다. 야곱은 소년 시절에 형을 피해 급히 외갓집으로 도망하게 됩니다. 말이 외갓집이지 800 km나 되는 먼 길이었습니다. 사실 야곱은 성격상 야영을 한다거나 혼자 멀리 여행을 즐기는 스타일이 아니었습니다. 부엌에서 어머니를 도와 요리를 만들고 집안을 정리하고 살림을 잘 도와주는 자상한 아이였습니다. 그런데 아무런 준비도 없이, 심지어 슬리핑 백 하나 없이 생사를 걸어야 할 먼 길을 떠났습니다. 한 달이 걸릴 지 두 달이 걸릴지, 아니면 짐승이나 강도 때문에 돌아오지 못할 길인지도 몰랐습니다. 예루살렘 북쪽 반나절 지점에 있는 벧엘까지 와서 잠을 잘 때 야곱은 한 꿈을 꾸었습니다. 땅에서 하늘까지 닿는 사닥다리 위에 천사들이 오르내리는 꿈이었습니다. 우리가 기도드리면 천사들이 그 기도를 가지고 하늘로 올라갑니다. 그리고 보호와 평안과 동행하심의 약속을 가지고 내려와 기도하는 사람들의 마음속에 부어 주십니다. 기도의 사람 야곱에게는 많은 자손의 축복과 동서남북의 넓은 땅의 축복을 약속해 주셨습니다.

영국의 보물 1호는 야곱이 베고 꿈을 꾸었던 그 돌베개라고 합니다. 이 보물은 너무 귀하게 취급되어서 평생 한 번 정도 사람들에게 노출되는데, 왕의 대관식이 있을 때에만 왕좌 아래에 둔다고 합니다. 앞으로 찰스 황태자나 다른 후계자가 대관식을 할 때 우리는 그 돌을 한 번 볼 수 있게 될지 모르겠습니다. 영국이 그 돌베개를 그토록 귀하게 여기는 까닭은 하나님이 함께 해 주시는 약속 때문일 것입니다. 하늘에 소망을 두며 거룩한 꿈을 꾸는 성도들을 하나님은 책임져 주십니다. 야곱은 하나님의 축복의 약속대로 거부가 되어서 돌아오게 되었을 뿐 아니라 영원한 땅인 천국 길을 마련하시기 위해 예수님께서 그 후손으로 오시게 되었습니다.

사랑하는 성도 여러분, 가정과 일터에 어려움이 있지는 않으십니까? 자녀가 세상으로 빠져 들어가거나, 건강의 문제가 있지는 않으십니까? 먼저 하나님과의 관계를 회복하시기 바랍니다. 거룩한 꿈을 꾸시기 바랍니다. 그러면 하나님께서 물질의 축복, 자녀의 축복, 건강의 축복 등 이 땅의 모든 필요를 채워 주실 것입니다. 이 시간 예수님께서 분명히 약속하십니다.

> "너희는 먼저 그의 나라와 그의 의를 구하라. 그리하면 이 모든 것을 너희에게 더하시리라."
> 마태복음 6장의 말씀입니다. (33절)

영광스러운 천국

2011. 3. 6.

수년 전에 창조과학회에서 주관하는 탐사 여행을 다녀왔습니다. 웅장한 그랜드 캐년과 여성적인 아름다움의 브라이스 캐년, 그리고 남성적인 힘을 표현하는 자이온 캐년을 둘러보았습니다. 하나님의 창조의 손길과 노아 홍수의 엄청난 물의 힘들을 보았습니다. 하나님께서 창조하신 절묘한 바위들과 지층이 너무 아름다웠지만 말로써 표현할 수가 없었습니다. 저희 교회 노인 몇 분과 동행하였었는데 함께 가셨던 한 권사님께서 "목사님, 너-무 좋네요. 너-무 좋아요."하며 계속 감탄하셨습니다. 그 이상의 표현이 없기 때문이었습니다. 그런데 "너-무 좋네요."라는 표현을 듣는 여러분들은 그 광경이 어떻게 생겼는지 감이 오십니까? 아마 상상이 되지 않을 것입니다. 표현의 한계를 훨씬 뛰어 넘는 아름다움을 지극히 제한된 언어로 표현했기 때문입니다. 한국 사람이 한국인의 눈으로 보고, 한국인의 정서로써 한국어로 전달해도 제대로 전달되지 않습니다. 이 땅에 있는 것을 이 땅의 언어로 전달하려 해도 제대로 안 되는데 하물며 이 땅에서 우리가 보지 못하고 경험하지 못한 천국을 인간의 언어로 표현할 수 있겠습니까? 그래서 성경에서는 천국을 길게 설명하지도 못하거니와 겨우 표현한다고 한 것이 진주 문에 황금 길이며, 각종 보석과 태양이 없어도 밝은 환경과 생명수 강 등으로 말하고 있습니다. 천국이 세상 말로서 표현이 되지 않기에 비싸고 좋은 것으로 표현을 늘어놓았을 뿐입니다. 그러나 분명한 것은 천국은 이런 표현보다 훨씬 아름다울 것입니다. 그래서 성경에서는 이런 천국을 다른 용어로 표현하였는데 곧 하나님의 영광이라고 부르고 있습니다. 로마서에서도 '모든 사람이 죄를 범하였으매 하나님의 영광에 이르지 못하더니'라고 말씀하고 있는데 여기서도 역시 하나님의 영광은 하나님의 나라 곧 천국을 말합니다.

영광이라는 단어는 추상명사이어서 이 또한 마음에 확실히 닿는 말이 아닙니다. 여러분, '영광'하면 무엇이 떠오르십니까? 어떤 분은 '졸업장'이 떠오르실 것입니다. 수년간의 고생이 영광의 졸업장에 다 들어 있기 때문입니다. 어떤 분은 '훈장'이나 '금메달'이 떠오르실 것입니다. 또 어떤 분은 중요한 학위나 명예로운 지위를 얻는 것이라고 생각하실 것입니다. 몇 년의 훈련과 수고 끝에 훈장이나 메달을 받게 될 때 역시 가문의 영광이라고 표현합니다. 예수 그리스도의 영광은 바로 예수 그리스도께서 십자가의 고통을 통하여 우리에게 허락하여 주신 천국을 말합니다. 우리는 어떤 의로운 일을 함으로 천국 가는 것이 아니라, 엄청난 희생을 지불하고 천국 길을 만드신 예수님을 믿음으로 누구든지 천국 갈 수 있게 되었습니다. 이것을 은혜라고 말합니다.

제 1차 세계 대전 당시 뉴욕에서는 아들을 전쟁터로 보낸 가정마다 유리창에 별을 하나씩 붙여 놓았다고 합니다. 한 어린 아이가 아버지의 손을 붙잡고 함께 밤거리를 걷다가 어느 집 창문의 별을 보면서 그 별을 왜 붙여 두었는지를 물었습니다. 그러자 아버지는 아들이 한 명 전쟁터에 나가 있으면 별을 한 개 붙여 두고, 두 명이 전쟁터에 나가 있으면 별 두개를 창문에 붙여 둔 것이라고 설명해 주었습니다. 아이는 별이 있는 집을 볼 때마다 "아빠, 저 집에도 아들을 전쟁터로 보냈나 봐요." 하고 말하곤 하였습니다. 그러다가 문득 하늘을 쳐다보던 아들은 말합니다. "아빠, 하나님도 아들을 전쟁터로 보내셨나 봐요. 하늘에 별이 가득 찼어요." 그렇습니다. 하나님께서는 우리 인간을 살리시기 위해 가장 처절한 십자가를 지셨기에 그 희생을 통하여 가장 아름다운 영광의 모습인 천국을 우리에게 주셨습니다. 우리가 갈 천국은 상상을 초월하는 곳입니다. 담대했던 베드로도 변화 산에 올라가 천국의 맛을 잠깐 보고서도 너무 좋아서 텐트 세 개를 산위에 치고 그냥 지낼 수 없겠느냐고 정신없이 말할 정도로 아름다운 곳입니다.

사랑하는 여러분, 비록 이민 길이 힘들고 고단하지만 우리에게 주신 약속의 땅이 있습니다. 인간의 언어로 표현할 수 없는 너무나 좋은 천국은 우리의 힘이 아닌 십자가의 길, 믿음의 길을 통하여 누구나 갈 수 있습니다. 이미 예수님께서 십자가의 희생을 치르시고 만들어 주신 천국 길을 통하여 우리 모두 천국에서 만나게 되길 소원합니다.

"이를 위하여 우리의 복음으로 너희를 부르사 우리 주 예수 그리스도의 영광을 얻게 하려 하심이니라."

데살로니가후서 2장의 말씀입니다. (14절)

제 2 장

더욱 응답하시는 하나님

2011. 7. 10.

하와이에 살고 있던 한 신실한 크리스천 여인에게는 아름다운 꿈이 하나 있었습니다. 파아란 남태평양이 내려다보이는 콘도를 하나 사서 창문 밖을 내다보면서 하루를 시작한다면 참 아름다운 인생이 될 수 있을 것이라고 생각하였습니다. 이 여인은 열심히 일을 하면서 돈을 모았습니다. 얼마 후 발보아 섬에 있는 콘도를 계약하기 위한 계약금(down payment)을 준비할 수 있었습니다. 계약을 하려다가 갑자기 이 큰 일을 위해 기도를 하지 않았다는 생각이 스쳤습니다. 여인은 자신의 결정이 바른지를 알게 해 달라고 하나님께 기도드리기 시작하였습니다. 파도가 치는 아름다운 바닷가의 콘도를 그리면서 하나님께 기도드렸지만 마음속에는 왠지 모르게 망설여지는 느낌이 들곤 하였습니다. 기도를 드릴수록 그런 느낌은 점점 뚜렷해지기 시작하면서 같은 교회에 출석하는 '만' 집사님의 하얀 집이 기도 중에 떠올랐습니다. 여러 차례 이런 일이 계속되자 하나님께서 콘도를 사는 것보다 '만' 집사님의 집에 들어가길 원하신다는 확신을 가지게 되었습니다. '만' 집사님에게 전화해 보니 우연찮게도 그 집에 들어와 살 사람을 찾고 있다는 대답이었습니다. 여인은 그 집이 기도의 응답이라 생각하면서 '만' 집사님의 집으로 이사하였습니다. 이사하여 들어갔더니 그 집에는 이미 인상이 좋은 한 그리스도인 청년이 입주해 있었습니다. 놀랍게도 그 집으로 이사한 지 7개월 후에 이 여인은 그 집에 살고 있던 신실한 청년과 결혼을 하게 되었고 두 사람은 꿈에 그리던 바닷가의 콘도로 이사할 수 있었습니다. 기도하는 사람들에게 하나님께서는 기도하는 그 이상으로 응답해 주십니다. 파아란 바다가 보이는 집을 구하며 기도하였을 때 하나님께서는 그런 집 뿐 아니라 그 집에서 함께 살 믿음의 남편까지 허락해 주셨습니다.

가버나움이라는 동네는 갈릴리 호수에서는 가장 큰 도시입니다. 예수님께서 어떠한 불치병 환자도 다 고치신다는 소문이 나자 예수님이 거하시던 그 집에는 고생하는 환자들로 인산인해를 이루었습니다. 중풍으로 고생하던 한 환자도 고침 받길 원하였지만 문 앞까지 가득 찬 사람들 때문에 들어갈 수가 없었습니다. 결국 이 환자와 믿음 좋은 네 친구가 한 팀이 되어 옥상으로 올라가 지붕을 뚫고 환자가 누운 침상을 달아 내렸습니다. 예수님 앞에 앉아 있던 사람들로서는 상상도 할 수 없던 방법이었습니다. 이 환자와 친구들의 소원이 있다면 건강하게 일어나 걷는 것이었습니다. 그런데 어이없게도 예수님께서는 "소자야, 네 죄 사함을 받았느니라." 고 선언하시면서 천국에 들어갈 수 있는 자격 곧 죄 사함의 선물을 주셨습니다. 그리고 그들이 소원하던 대로 건강도 주셔서 자기가 누워서 들려왔던 침상을 들고 나갈 수 있었습니다. 이들이 기도한 것은 육신의 건강이었지만 예수님께서는 그 이상으로 응답해 주셔서 영적인 축복까지 주셨습니다.

솔로몬이 왕위를 물려받았을 때 한 나라를 이끌어가야 한다는 큰 사명을 앞두고 기브온 산당에서 1,000마리의 번제를 드렸습니다. 하나님이 함께해 주시길 간절히 기도하는 가운데 어느 날 꿈에 하나님의 음성을 듣게 되었습니다. 무엇을 해 주길 원하느냐는 하나님의 말씀에 솔로몬은 분명하게 대답합니다.

"이처럼 많은 백성들을 잘 다스리고 재판할 수 있도록 지혜를 주시옵소서."

지혜를 구하는 기도를 드리는 솔로몬 왕에게 하나님께서는 그가 구한 것보다 더 많은 것으로 응답하셨는데 지혜롭고 총명한 마음 뿐 아니라 부귀와 영광의 축복까지 주셨습니다.

사랑하는 여러분, 하나님은 지금도 우리의 기도를 들으시는 살아계신 하나님이십니다. 더구나 우리가 기도하는 것보다 더욱 좋은 것으로 응답하시고, 우리가 생각하는 것보다 더욱 풍성하게 이루시는 능력의 하나님이십니다. 힘든 이민 길을 걸어가시면서 우리의 소원과 이웃의 아픔을 위하여 기도해 보십시오. 콘도를 구할 때 그 속에 함께 살아야 할 남편까지 응답하시고, 육신의 건강을 구할 때 영적인 강건함까지 주셨던 하나님, 또한 솔로몬이 구한 것보다 더욱 귀한 것으로 응답하셨던 하나님께서는 여러분의 기도하는 것보다 더욱 풍성한 것으로 응답하실 것입니다.

"우리 가운데서 역사하시는 능력대로 우리가 구하거나 생각하는 모든 것에 더 넘치도록 능히 하실 이에게 교회 안에서와 그리스도 예수 안에서 영광이 대대로 영원무궁하기를 원하노라."

에베소서 3장의 말씀입니다. (20, 21절)

도피성의 길

2011. 6. 26.

지난 달 20일에 위스콘신 주 대법원에서 고의적으로 살인을 한 14세 소년에 대해 '가석방 없는 종신형' 판결을 내렸습니다. 이 사건은 13년 전으로 거슬러 올라갑니다. 당시 14살이었던 오머 닌햄과 그의 친구 네 명은 자전거를 타고 지나가는 뱅이란 소년을 가로 막고 서서 시비를 걸다가 그를 자전거에서 끌어내려 구타하였습니다. 일방적으로 폭행을 당하던 뱅은 인근 주차 빌딩으로 피하여 도망하다가 5층까지 올라가서 이들 일당에게 다시 붙잡혔습니다. 닌햄과 친구들은 뱅의 손목과 발목을 각각 붙잡고 흔들다가 끔찍하게도 아무 죄도 없는 이 소년을 빌딩 난간 너머로 던졌고 뱅은 5층 건물에서 떨어져 즉사하였습니다. 2년 후인 2000년에 닌햄은 위스콘신 주 지방법원에서 종신형을 선고 받았습니다. 그리고 이 사건은 다시 대법원으로 항소되었지만 지난달에 또 다시 가석방 없는 종신형 판결이 나왔습니다. 변호인 측은 “사건 발생 당시

피고인의 나이를 고려, 이같은 판결은 잔혹하고 과도하다."고 주장하였으나 주 검찰이 "고의적으로 살인을 저지른 소년을 보호해 줄 수 있는 법은 없다."고 반박한 것이 받아들여지면서 형량이 확정되었습니다. 만일 실수나 사고로 친구를 죽였다면 14살이라는 나이를 고려하여 훨씬 가벼운 판결이 나왔을 것입니다. 그러나 고의적인 살인이었기에 결과는 중벌에 해당되었습니다. 이것이 공의입니다.

모세를 통하여 주신 율법과 고대 근동의 많은 법들 가운데 눈은 눈, 이는 이, 생명은 생명으로 갚는 '동해 복수법'이 있었습니다. 이를 부러뜨린 사람은 그 죄값으로 이를 하나 내 놓으면 되지만 살인자는 생명을 내 놓아야 합니다. 그런데 실수로 사람을 죽인 경우 이들을 보호해 주기 위하여 하나님께서는 도피성이라는 제도를 만들어 주셨습니다. 일단 살인자가 도피성으로 도망 오면 그 성의 지도자는 이 사람을 보호해 주고, 재판관들은 그 사건을 자세히 조사하였습니다. 그 사람이 고의로 죽였는지, 아니면 실수로 죽였는지를 알아내는 것이 재판의 목적이고 내용이었습니다. 가해자와 피해자 사이에 원한은 없었는지? 사건에 고의성은 없었는지? 또한 사건 당시 상대를 보았는지? 보지 못하였는지? 살인을 한 연장 상태는 어떠하였는지 등을 알아보았습니다. 가령 도끼로 벌목을 하다가 도끼날이 빠져 나가 뒤에 있던 사람의 머리에 맞아 죽은 경우 고의성이 없으므로 이런 사람에게는 무죄를 선언하였습니다. 그렇다고 이런 살인자가 바로 고향으로 돌아갈 수 있는 것은 아니었습니다. 실수로 죄를 지었더라도 그는 도피성에서 계속 살아야 했습니다. 가족과 친지가 있고, 친구들이 살고 있는 고향에 너무나 가고 싶었겠지만 그는 일종의 가택연금처럼 도피성에서 살아야 했습니다. 그러나 이들이 집으로 돌아갈 수 있는 유일한 길이 있었습니다. 그것은 그 당시 대제사장이 죽으면 이들은 고향으로 돌아갈 수 있었습니다. 그러나 생각해보면 좀 이상합니다. 보통 범죄자들의 대사면은 국가 경축일에 주는 것이 상식인데, 한 나라의 영적인 지도자인 대제사장이 죽은 날 곧 국가 애도일에 이런 대사면이 이루어진다는 것은 이해가 되지 않습니다. 이것은 큰대제사장 되신 예수님의 죽음이 앞으로 모든 성도들에게 자유를 주실 것에 대한 그림자입니다. 우리는 모두 죄로 인하여 도피성에 갇힌 사람들입니다. 그러나 예수님께서 십자가에서 우리의 죄를 위하여 돌아가심으로 우리는 죄의 용서함을 받았습니다. 도피성으로부터 자유롭게 고향으로 돌아가듯이 죄로부터 자유함을 누리게 되었습니다. 마귀는 지금도 계속 죄책감 가운데 우리를 가두려고 합니다.

"집안도 제대로 다스리지 못하는 주제에 네가 무슨 집사냐?"

"거짓말하고, 남의 돈 떼어 먹고, 음행하는 네가 무슨 그리스도인이냐?"

마귀가 어떤 공격의 말을 한다고 해도 예수님의 피는 우리의 모든 죄를 용서하실 수 있습니다. 이제 주님은 철저한 회개와 새롭게 변화되는 삶을 원하십니다. 큰 대제사장 되신 예수님의 십자가의 약속 가운데 모든 죄의식으로부터 자유하며 사시기 바랍니다.

> "이는 살인자가 대제사장이 죽기까지 그 도피성에 머물러야 할 것임이라. 대제사장이 죽은 후에는 그 살인자가 자기 소유의 땅으로 돌아갈 수 있느니라."
>
> 민수기 35장의 말씀입니다. (28절)

들키지 않은 죄인

2011. 8. 7.

아프가니스탄 북부지역의 다시트 아르키 라는 동네에서 작년 10월에 돌로 사람을 쳐 죽인 동영상이 전 세계에 떠돌아 다녔습니다. 시드카라는 19살의 여성은 자신의 뜻과 상관없이 가족들에 의해 9,000달러에 한 남성에게 신부로 팔려가게 되었습니다. 그러나 시드카에게는 카이얌이라는 사랑하는 남자가 있었습니다. 이 두 사람은 사랑을 위해 파키스탄으로 도망을 쳤습니다. 시드카의 식구들은 딸에게 어떤 처벌도 하지 않을테니 돌아오라고만 하였습니다. 그러나 이들이 돌아왔을 때 탈레반은 율법에 따라 사형을 선고하였습니다. 먼저 시드카가 푸른 겉옷으로 얼굴을 가린 채 자그마한 구덩이에 앉혀졌고, 수백 명의 주민들이 그녀에게 주먹만한 돌을 던졌습니다. 무섭게 날아드는 돌에 시드카는 점점 가라앉더니 결국 2분 후 완전히 가라앉았지만 아직 숨은 붙어 있었습니다. 꼼짝을 못하고 있는 시드카에게 탈레반 대원이 세 발의 총격을 가해 죽였습니다. 이어서 카이얌이 등 뒤로 두 손이 묶인 채 끌려나왔고 여자보다 훨씬 강도 높은 돌팔매질에 그는 곧바로 숨을 거두었습니다. 간음하다 잡힌 남녀는 돌로 쳐 죽이라는 이들의 율법은 지금도 유효합니다.

구약 성경에서도 이런 율법을 발견할 수 있습니다. 유부녀와 간통한 남녀를 둘 다 돌로 쳐서 죽이라고 합니다. 성읍에서 약혼한 처녀와 동침하였다면 이 두 사람 역시 죽여야 합니다. 들판에서 약혼한 처녀를 강간하였다면 이 남자를 돌로 쳐서 죽여야 했습니다.

요즘 한국의 여유 있는 유부녀들 중에는 애인 하나 쯤 두는 것을 예사로 생각하는 여자들도 꽤 있다고 하는데 율법을 따른다면 이런 여자들은 다 죽여야 합니다. 한국 드라마가 세계 최고 수준이 되면서 해외에 수출되기 시작하였습니다. 그런데 드라마의 소재가 아주 아슬아슬 합니다. 친구의 아내를 범하는 것은 이미 고전이 되었고, 제수씨나 형수와의 불륜이 소재가 되고 있습니다. 오늘 본문으로 보면 다 죽여야 할 사람들입니다. 거룩한 교회가 피투성이가 되어야 할 지 모르겠습니다.

지난 금요일에 전남 장흥에 한국 최초로 누드 삼림욕장이 개장하였습니다. 이곳은 일반적인 편백나무 숲과 다르지 않지만, 누드라는 말이 갖는 자극성 때문에 사람들의 관심이 쏠리게 되었습니다. 물론 풍욕으로서 편백나무 숲이 쏟아내는 피톤치트로 아토피 등 환경성 질환을 치료하는 것을 목적으로 만들어졌다고 하지만 얇은 천을 입은 누드라는 퇴폐적인 말들이 생겨나는 문화가 걱정됩니다.

예수님을 함정에 빠뜨리기 위해 서기관과 바리새인들이 한 여인을 끌고 왔습니다. 현장에서 간음하다가 잡혀 온 여인이었습니다. 이 여인은 구약의 율법에 따르면 돌에 맞아 죽어야 합니다. 이 여인은 겨우 부끄러운 곳을 가릴 정도로 옷을 걸치고 서 있었을 것입니다. 주위에 둘러선 사람들의 손에는 돌이 들려 있었습니다. 여인은 얼마나 떨었겠습니까? 얼마나 수치스러웠겠습니까? 서기관과 바리새인들은 어떻게 해야 하겠느냐고 예수님께 계속 다그쳤습니다. 죽이지 말라고 하면 율법을 어긴다고 할 것이고, 쳐 죽이라고 하면 사랑이 없다고 할 것입니다. 또한 사법권이 없는 예수님이 살인죄를 저질렀다고 로마법에 고소할 수도 있었습니다. 그런데 우리는 항상 착각하기 쉽습니다. 이 사건에 내가 서 있었다면 나의 자리는 돌을 들고 둘러선 사람 중의 하나라고 생각합니다. 왜냐하면 그 여자만 들켰기 때문입니다. 예수님께서는 그 사실을 고발하셨습니다. 예수님께서 땅에 앉으셔서 무엇을 쓰셨는지 기록은 없지만 아마도 사람들의 들키지 않은 죄목을 쓰셨을 것 같습니다. 그리고 주님은 말씀하십니다. "너희 중에 죄 없는 자가 먼저 돌로 치라." (요 8 : 7) 그러자 주위의 사람들은 자신들의 들키지 않은 죄를 생각하면서 돌에 맞아 죽어야 할 그 자리가 자기의 자리인 것을 깨닫습니다. 양심의 가책을 느끼고는 돌들을 떨어뜨리고 떠나기 시작합니다. 주님은 여인을 향하여 완전한 용서를 선포하십니다. "나도 너를 정죄하지 아니하노니 가서 다시는 죄를 범하지 말라."

사랑하는 여러분, 우리는 모두 죄인입니다. 들키지 않은 죄가 훨씬 많은 죄인입니다. 예수님의 십자가는 이 모든 죄를 용서하시기에 넉넉하십니다. 내 죄를 대신하여 돌아가신 예수님의 십자가의 사랑 앞에 모든 죄를 내려놓고 자유를 누리시기 바랍니다.

> "그가 찔림은 우리의 허물 때문이요, 그가 상함은 우리의 죄악 때문이라. 그가 징계를 받으므로 우리는 평화를 누리고, 그가 채찍에 맞으므로 우리는 나음을 받았도다."
> 이사야 53장의 말씀입니다. (5절)

자존심 세우기

2011. 8. 28.

가난한 동네 골목에 자그만하고 허름한 중국집 하나가 있었습니다. 어느 날 열 살 쯤 되어 보이는 여자 아이가 남동생 둘을 데리고 들어왔습니다. 아이들의 대화를 통하여 여자 아이가 소녀 가장인 것을 알 수 있었습니다. 그리고 그 날은 동생 중 한 아이의 생일이었습니다. 누나가 동생들에게 무엇을 먹겠느냐고 묻자 아이들은 "자장면"이라고 짧게 대답합니다. 그러자 누나는 자장면 두 그릇을 시켰습니다. 동생들이 누나는 왜 안 먹느냐고 묻자 소화가 잘 안 되어서 먹을 수가 없다고 대답합니다. 누나의 표정을 살펴보던 식당주인 아주머니는 갑자기 매우 반가워하면서 "나, 너희 엄마 친구야." 하며 자기를 소개하였습니다. 그리고 잠시 후에 자장면 세 그릇과 탕수육 한 접시가 수북하게 담겨 나왔고, 아이들은 접시를 핥다시피 깨끗하게 비웠습니다. 아이들이 나갈 때 식당 아주머니는 "애들아, 엄마가 보고 싶거나 자장면이 먹고 싶으면 언제라도 여기와. 알았지, 약속." 하고 말하면서 손도장까지 찍었습니다. 아이들이 멀어져 가자 식당 주인아저씨가 아내에게 저 아이들이 누구냐고 묻습니다. 그러자 아내는 자기도 모르는 아이들인데 그냥 음식을 주면 자존심 상해 할까봐 엄마 친구라고 말했다고 하였습니다.

항상 가진 사람들은 없는 사람들의 자존심이 상하지 않도록 조심하여야 합니다. 성경은 약한 자, 낮은 자, 없는 자들의 자존심을 세워 주어야 한다고 말씀하십니다. 이스라엘 백성들이 가나안 땅을 점령하러 들어갈 때 12지파 중에 두 반지파는 요단강 동편 땅에 자리 잡고 싶어 하였습니다. 모세는 이들의 부탁을 들어 주는 대신 다른 지파들이 가나안 점령을 마치도록까지 전쟁에 참여할 것을 명령하였고, 이들은 기꺼이 선봉대로 건너갔습니다. 두 반지파에서 나온 4만 명의 군사들은 7년간 전쟁을 하는 동안 가나안 땅의 주요 거점을 모두 확보하게 되었습니다. 그러자 여호수아 장군은 그 군사들에게 가족들이 있는 요단 동편으로 돌아가도 좋다고 허락하였습니다. 그런데 이들이 7년 동안 요단강 서편에서 전쟁하는 동안 많은 전리품을 얻게 되었는데 이 전리품에 대하여 여호수아는 이렇게 말합니다.

"너희는 많은 재산과 심히 많은 가축과 은과 금과 구리와 쇠와 심히 많은 의복을 가지고 너희의 장막으로 돌아가서 너희의 원수들에게서 탈취한 것을 너희의 형제와 나눌지니라." (수 22 : 8)

4만 명의 군사들이 떠날 때 어떤 이유 때문에 함께 전쟁에 나가지 못한 형제들이 고향에 남아 있었습니다. 전쟁에 나갔던 형제들이 많은 전리품을 가지고 돌아오게 되자 전쟁에 나가지 못한 형제들은 부끄러울 수 밖에 없었습니다. 하나님께서는 엄청난 전리품을 가지고 돌아오는 군사들이, 남아 있던 형제들에게 우쭐거리는 것을 원치 않으셨습니다.

전쟁에 나갔던 군사들이 자신들의 공을 자랑하면서 약자들을 놀리고 자존심을 건드리는 것을 싫어하셨습니다. 그래서 그들이 얻은 심히 많은 전리품을 똑같이 함께 나누라고 명령하셨습니다.

똑같은 상황이 다윗에게도 일어났습니다. 시글락 성에 머물러 두었던 다윗 무리의 가족과 재산을 아말렉 족속이 쳐들어와서 탈취하여 갔습니다. 그러자 다윗과 함께 전쟁에 다녀온 군인들 중에 지쳐버린 200명은 시냇가에 머물러 두고, 400명은 다윗과 함께 아말렉 족속을 좇아가서 거의 전멸시키고, 잃었던 가족과 재산 뿐 아니라 소떼 양떼까지 다 빼앗아 돌아옵니다. 이 때 악한 사람들이 전쟁에 끝까지 참가하지 못하고 쳐진 형제들에게는 탈취물을 주지 말자고 요구하였습니다. 그러자 다윗은 "전장에 내려갔던 자의 분깃이나 소유물 곁에 머물렀던 자의 분깃이 동일할지니 같이 분배할 것이니라." (삼상 30 : 24) 하고 대답하였습니다. 체력이 약하여 끝까지 함께 가지 못한 군사들의 자존심을 세워주려는 배려였습니다. 이 일 이후로 똑같이 분배하는 것이 이스라엘의 규례가 되었다고 성경은 기록하고 있습니다.

오늘도 상처받기 쉬운 우리의 이웃과 자녀들과 더불어 살면서 이들의 자존심을 세울 수 있는 지혜를 구하십시다. 약한 이웃의 자존심을 세워주면서 돕는 손길은 진정한 예수님의 사랑의 모습입니다.

> **"마음이 약한 자들을 격려하고, 힘이 없는 자들을 붙들어 주며, 모든 사람에게 오래 참으라."**
>
> 데살로니가전서 5장의 말씀입니다. (14절)

성도의 여유

2011. 6. 12.

대서양을 횡단하는 정기 여객선에 캘라다라는 손님이 탔는데 그는 무슨 화제든지 끼어들어 자기의 지식을 자랑하곤 하여 만물박사로 불리었습니다. 어느 날 저녁 식사 테이블에서 진주에 대한 이야기가 시작되었습니다. 캘라다 씨는 이번에도 진주에 대하여 열심히 이야기하다가 다른 손님과 논쟁이 심해지게 되었습니다. 그러나 캘라다 씨는 자기가 지금 진주 사업을 하러 가는 길인 만큼 한 눈에 보아도 진주의 가격을 알 수 있다고 하더니 상대방 아내의 목에 걸린 진주 목걸이는 3만 불짜리 최상품이라고 말하였습니다. 그러자 그 사람의 아내인 렘지 부인은 얼굴을 붉히며 목걸이를 옷 속에 감추었습니다. 그러나 렘지 부인의 남편은 자기 집 형편으로는 3만 불짜리 목걸이를 살 수 없다고 하면서 그 목걸이는 백화점에서 파는 18불짜리 모조품이라고 주장하였습니다. 두 사람은 서로 언성을 높이다가 진품이냐 아니냐에 100불 내기를 걸었습니다.

확대경을 꺼내어 눈에 끼고 진주를 보던 캘라다 씨의 얼굴에는 미소가 떠올랐습니다. 그러나 순간 절망과 애원의 빛이 서린 렘지 부인의 눈과 마주 쳤습니다. 사실 그 진주는 램지 부인이 다른 남자로부터 선물로 받은 고가의 진품이었습니다. 그러나 캘라다 씨는 진주 목걸이를 내려놓으면서 말합니다.

"제가 잘 못 봤습니다. 멋진 위조품입니다. 18불짜리가 맞습니다."

그리고는 자기 지갑에서 100불짜리 지폐를 꺼내어 탁자 위에 두고 나갔습니다. 작은 배 안에는 삽시간에 떠버리 만물박사는 아무 것도 제대로 아는 것이 없는 사람이라는 소문이 나돌았습니다. 다음날 아침 캘라다 씨가 면도할 때 문틈으로 봉투가 하나 떨어졌습니다. 그 속에는 $100 짜리 지폐가 한 장 들어 있었습니다. 자신의 전문지식과 자랑이 한 가정을 파괴할 수도 있다는 생각에 주위의 많은 사람들의 비난을 들으면서도 100불을 내 놓을 수 있었던 켈라다 씨의 여유가 아름답게 보입니다.

한국인의 심성에도 이런 여유가 흐르고 있어서 자신을 죽이면서 복음의 열매를 맺을 수 있었습니다. 우리 모두가 좋아하는 「아리랑」에는 여유의 정서가 듬뿍 배어 있습니다. 가사의 배경은 잘 알지 못하지만 한 여인의 남자에게 변화가 생긴 것 같습니다. 다른 여자가 생겼거나 해서는 안 될 어떤 일에 마음이 빼앗겨 멀리 떠나가는 남자를 보면서 여인은 그 남자를 사랑하기에 자신이 죽어지기로 합니다. 서양 여자 같으면 위자료를 청구하는 소동을 벌이겠지만 이 여인은 그 남자를 그냥 보내줍니다. 가면 틀림없이 망할 것이라는 것을 알면서도 기다리기로 합니다. 그래서 "나를 버리고 가시는 님은 십리도 못 가서 발병난다"고 노래합니다. 얼마 못 가서 후회가 되거든 다시 돌아오라는 사랑이요, 여유입니다.

성경에는 한 탕자의 이야기가 나옵니다. 탕자는 아버지에게 자신의 유산을 미리 달라고 합니다. 작은아들이 아버지를 떠나가면 틀림없이 실패하고 고생할 것을 알았지만 아버지는 말없이 작은아들이 받을 유산의 몫을 내어 줍니다. 그러면서도 작은아들을 결코 포기하지 않습니다. 그 아들이 돌아 올 것을 알고 옷과 신과 가락지를 준비하고 기다리는 아버지의 모습은 바로 우리 하나님의 크신 사랑과 여유를 보여줍니다.

바울과 실라는 매질과 형틀에 다리가 찢어지는 고통의 깊은 밤을 맞았을 때 찬송과 기도의 여유를 가졌습니다. 밤을 지나지 않고서는 이런 여유가 만들어지지 않습니다. 썩어지는 한 알의 밀이 되는 아픔이 없이는 열매를 맺지 못합니다. 밤을 지나면서도 천국의 소망을 품고 있었기에 바울은 간수의 모든 식구를 구원하는 아름다운 열매를 맺을 수 있었습니다. 모세는 40년 동안 광야의 밤을 지나면서 썩어지는 한 알의 밀이 되었고, 이스라엘 민족을 구원하는 역사를 일으켰습니다. 다니엘은 깊은 사자 굴에서, 세 친구들은 풀무불의 깊은 밤을 지내면서 한 알의 밀들이 되었습니다. 예수님은 천지를 지으신 하나님이시면서 너무나 보잘것없는 우리 죄인들을 위하여 십자가에 달리심으로 거룩한 한 알의 밀알이 되셨습니다. 밤은 생명을 잉태합니다. 고통의 밤을 지나면서 우리는 다른 사람을 탓하며 자신의 손해에만 관심을 가지기가 쉽습니다. 그러나 천국을 소망하는 믿음의 선조들은 고통의 순간을 자신이 죽어가는 기회로 삼아 30배, 60배, 100배의 아름다운 복음의 열매를 맺었습니다.

사랑하는 여러분, 억울한 일을 당할 때마다 손해 보는 섬김을 통하여 천국의 상급을 쌓아 가시기 바랍니다.

> "내가 진실로 진실로 너희에게 이르노니 한 알의 밀이 땅에 떨어져 죽지 아니하면 한 알 그대로 있고 죽으면 많은 열매를 맺느니라."
> 요한복음 12장의 말씀입니다. (24절)

힘보다 인내입니다

2011. 8. 14.

최승호 씨가 쓴 「황금털 사자」라는 이야기에 평생 자기만을 위하여 살았던 한 노인이 소개되어 있습니다. 이 노인은 자기에게 손해되는 일은 무조건 피하고, 이득이 되는 일만 골라서 합니다. 주위의 사람들에게 눈총을 받으면서도 지극히 이기적인 삶을 살았습니다. 다른 사람을 위한 선행이 없다보니 노인이 되었을 때 주위에 가까운 사람이 한 사람도 없었습니다. 자신의 외로움을 달래주는 유일한 대상이 있다면 궤짝에 쌓아 둔 돈뿐이었습니다. 나이가 들면서 죽음이 다가오는 것을 느끼게 된 이 노인은 자신의 여생을 위하여 더 이상 돈을 모을 필요가 없어졌습니다. 이 노인은 평생 모은 돈으로 이웃을 위하여 의미 있게 사용할 수 있는 몇 번의 마지막 기회마저 버리고 그 돈으로 황금관을 만들었습니다. 그리고 황금관에 누운 채 생을 마감하였습니다. 사람들은 노인의 유언대로 황금관 채로 매장하였습니다. 그러나 황금을 탐낸 사람들에 의해 그날 밤 무덤은 파헤쳐 졌고, 노인의 시신은 내동댕이쳐지고 말았습니다. 그 날은 또한 들쥐들의 잔칫날이 되었습니다. 황금관에 누워 있으려 했던 노인의 시신은 내장까지 남김없이 뜯어 먹히고 말았습니다.

또 다른 한 노인을 소개해 드리겠습니다. 이 분은 지금 우리와 같은 시대, 같은 땅에서 살고 있는 한 할머니입니다. 이 할머니는 열일곱 살 때 이발사 총각에게 시집을 왔습니다. 결혼한 후부터 예수님을 믿기 시작하여 평생 믿음으로 살았습니다. 이발사의 박봉으로는 여섯 남매를 키우기가 힘들었기에 빚을 얻어 논 네 마지기를 사서 농사를 지었습니다. 열심히 절약하는 가운데 빚도 갚고 땅도 조금씩 늘어갔습니다. 세월이 흐르면서 아이들도 잘 자라 주었고, 땅도 꽤 넓어졌습니다. 그렇게 힘들게 마련한 15,000평의 땅을 청소년 장학 학회를 위하여 충남 천안의 씨알 농장에 기증하였습니다. 자기 아이들에게 과외공부 한 번 제대로 시키지 못하면서 모은 돈을 다른 아이들을 위하여 내어 놓는다는 것이 쉽지 않았지만 나라가 힘이 없어서 일제에게 당했던 수모를 생각하며 기꺼이 땅을 내어 놓았습니다. 이 할머니는 다시 작은 땅을 마련하여 여섯 남매를 먹여 살리느라 학교 한 번 찾아가 보지 못했지만 자녀들은 모두 잘 자라 주어서 셋은 서울 대학을, 셋은 이대와 연대를 졸업하였습니다. 하나 밖에 없던 아들은 지금 목사님이 되어 선교지에 나가 있습니다. 할머니가 남겨두신 마지막 재산인 10억 원 상당의 땅 역시 장학금을 위하여 한국 구세군 교회 본영에 기증하였습니다. 정만수 할아버지의 '만'자와 이주영 할머니의 '영'자를 딴 '만영 장학회'는 그렇게 세워졌습니다.

천국을 바라보는 사람은 이 땅에서 자신을 위하여 살기보다는 이웃을 섬기면서 살아갑니다. 천국의 소망은 이 땅에서 이루어지는 것이 아니기에 인내가 요구됩니다. 인내는 멀고 지루해 보이지만 한 걸음씩 걸어가면 반드시 도착됩니다. 그래서 사무엘 존슨은 이렇게 말합니다.

"위대한 일들은 힘이 아니라 인내로 성취된다. 하루 세 시간을 힘차게 걷는 사람은 7년이 지나면 지구를 한 바퀴 돌게 된다."

모세가 이 땅의 부귀를 원했다면 바로 공주의 아들로 편하게 살았을 것입니다. 그러나 모세는 하늘나라의 소망이 있었기에 화려한 궁궐보다는 광야에서 이스라엘 백성들을 섬기며 살았습니다. 다니엘은 총리로서 이 땅에서 편안하게 살 수 있었지만 하늘나라를 바라보며 사자 굴로 의연히 들어갔습니다. 예수님께서 사단에게 한 번만 절을 하셨다면 고난을 피할 수 있었겠지만 하늘나라에 소망을 둔 성도들을 위하여 인내하며 십자가의 길을 걸으셨습니다.

사랑하는 여러분, 정직하게 살려고 하면 힘이 듭니다. 세상길은 넓고 편합니다. 그렇지만 우리는 좁고 험한 길을 인내하며 걸어야 합니다. 황금관에 누워 썩기보다는 하늘나라의 아름다운 상급을 바라보아야 합니다. 이런 성도들에게 하나님께서 때를 따라 인내할 수 있는 힘을 주실 것입니다.

"우리가 소망으로 구원을 얻었으매 보이는 소망이 소망이 아니니 보는 것을 누가 바라리요? 만일 우리가 보지 못하는 것을 바라면 참음으로 기다릴지니라."

로마서 8장의 말씀입니다. (24, 25절)

강하고 담대하라

2011. 8. 21.

「파인딩 포레스터(Finding Forrester)」라는 영화가 있습니다. 이 영화는 천재를 알아보지 못하는 세상에서, 천재를 알아보는 천재에 대한 이야기입니다. 주인공 포레스터는 한 권의 책을 써서 퓰리처상을 수상하며 대문호로 자리매김하였습니다. 그러나 그 형이 교통사고로 사망하는 사건으로 30년간 은둔생활로 들어갔습니다. 한 흑인 소년 윌러스는 그 이상한 노인의 집에 호기심으로 들어갔다가 가방을 두고 나옵니다. 다시 가방을 돌려받았을 때 자기가 쓴 글이 빨간 볼펜으로 가득히 수정되어 있는 것을 발견합니다. 사실 문학의 천재 포레스터는 윌러스라는 소년의 글에서 그의 천재성을 발견하였기에 그의 글을 고쳐주면서 천재성을 일깨워 주었습니다. 천재와 천재와의 만남이 계속되면서 윌러스 소년의 문학세계의 깊이는 점점 더해 갔습니다. 그러나 윌러스는 그가 다니는 학교의 문학 선생님으로부터는 전혀 인정받지 못하였고, 그의 글은 표절

한 글로 낙인 찍혀 있었습니다. 학교 백일장 심사 발표가 있던 날 포레스터는 30년간의 은둔 생활을 깨고 윌러스의 학교에 나타납니다. 그리고 그의 천재적인 문학성을 높이 평가해 줌으로 윌러스에게 또 다른 대문호로 가는 길을 열어 줍니다. 한 사람과의 바른 만남이 소극적이고 절망적인 천재를 강하고 담대한 대문호로 만들어 내었습니다.

환자들이 많이 모이기로 소문난 유명 한의원에 이런 이야기가 전해 내려옵니다. 이 병원의 한의사가 아들에게 여러 가지 치료법과 비방을 가르쳐 주면서 마지막으로 작은 상자 한 개를 물려 주었습니다. 그 상자에는 한약이 한 봉지 들어 있는데 오진으로 치료를 잘못하였을 경우 어떤 위급한 환자이든지 먹으면 다시 살아날 수 있다는 약이었습니다. 그리고 한 번 열면 바로 사용해야 하고, 한 사람만 살릴 수 있는 양이라고 하였습니다. 아들 의사는 혹 잘못 치료하더라도 다시 회복할 수 있는 마지막 비방이 있기에 자신 있게 그리고 담대하게 침을 놓고, 한약도 지으면서 많은 환자들을 치료할 수 있었습니다. 점점 명의로 소문나면서 자자손손 한의사들이 되었지만 한 사람도 그 상자를 사용하지 않고 몇 대째 계속 넘겨 주었습니다. 어느 날 한 도둑이 그 상자를 훔쳐서 열어 보았더니 빈 상자였다고 합니다. 그러나 그 상자는 선친의 경험과 함께 후손 한의사들과 항상 동행하면서 든든한 벽이 되어 주었기에 담대한 의사들이 될 수 있었습니다.

여호수아는 젊어서부터 모세의 시종으로 모세의 명령에 순종하며 살았습니다. 그러던 어느 날 모세가 산에 기도하러 올라갔다가 하나님의 부르심을 받고 천국으로 갔습니다. 그리고 여호수아는 200만 명이나 되는 사람들을 이끌고 약속의 땅 가나안으로 들어가라는 명령을 받게 됩니다. 과거 이런 조직을 이끌어 보지도 못했고, 모세 같은 카리스마나 능력이 없었던 여호수아는 두려움과 근심에 싸여 낙심하게 됩니다. 이때 하나님께서 여호수아에게 "강하고 담대하라!"고 여러 차례 반복하여 말씀하십니다. 우리가 어떻게 하면 강하고 담대할 수 있을까요? 경건하게 생활하면 강하고 담대해질 수 있습니다. 말씀으로 은혜 받고 그 말씀에 순종하며 또한 기도의 생활이 있을 때 하나님께서는 우리와 동행하시겠다고 약속하십니다. 하나님께서 우리를 떠나지 아니하고 버리지 아니하리니 마음을 강하게 하고 담대히 하라고 말씀하십니다.

자신을 인정하는 대문호를 만난 월러스처럼, 비상약을 소유한 한의사처럼, 우리 믿음의 사람들은 창조주 하나님과 동행할 때 강하고 담대한 용사가 됩니다. 믿음의 사람들은 현실에 불평하지 않습니다. 믿음의 사람들은 현실에 도전합니다. 믿음의 사람들은 하나님과 동행하는 경건의 삶을 살아갑니다. 이런 믿음의 사람들에게 주어진 선물이 강하고 담대한 마음입니다.

"강하고 담대하라. 두려워하지 말며 놀라지 말라. 네가 어디로 가든지 네 하나님 여호와가 너와 함께 하느니라."

여호수아 1장의 말씀입니다. (9절)

제 3 장

자기 십자가를 지고
정직
동행하시는 하나님
포기하기 맙시다
하나님을 바라봅시다
죄의 센서
무명의 권서들

자기 십자가를 지고

2011. 10. 16.

야마모토 야에꼬는 죽은 딸을 생각하며 「쥰코, 고맙다」라는 책을 썼습니다. 쥰코는 제왕절개로 어렵게 얻은 딸이었습니다. 아이를 더 낳을 수 없기에 정성껏 키웠습니다. 쥰코는 대학시절에 만난 멋진 남자 노부유키와 결혼하였습니다. 그런데 첫 아이를 가진지 7개월 만에 남편은 방광암, 아내는 위장암에 걸렸습니다. 이런 끔찍한 상황에서 딸 쥰코는 예수님을 영접하게 되었고, 남편은 물론 양가 가족이 모두 예수님을 믿도록 전도하였습니다. 쥰코 부부의 기도는 간절하고 때로는 처절하기까지 하였습니다. 암과 투병하느라 고통이 심하였지만 서로에게 병간호를 하려고 최선을 다하였습니다. 이들 부부에게 암이라는 무서운 병은 자신들이 지고 가야할 십자가였습니다. “착한 아내를 살려 주세요.” 하고 남편이 기도하는 동안, 아내는 “하나님 남편 좀 살려 주세요.”하고 애원하듯 기도드리며 서로를 살리려고 최선을 다하였습니다. 6개월의

간격을 두고 마지막 숨을 거두도록 까지 이들은 찬송과 기도 중에 기쁨으로 살았습니다. 쥰코 부부는 마지막에 이런 기도문을 남겼습니다.

"제겐 예수님이 전부입니다. 이 땅에 머무는 것이나, 천국에 가는 것이나, 그건 전적으로 하나님의 뜻입니다. 주 예수님, 지금도 저는 여전히 당신을 사랑합니다. 당신의 모든 것을 신뢰합니다. 제 영혼을 받으시옵소서."

이들 부부는 암과 사투를 벌이면서도 묵묵히 자기 십자가를 지고 주님을 따라가던 하나님의 자녀들이었습니다.

십자가를 진다는 것은 예수님 당시 죄수들이 하는 일이었습니다. 주님도 자신이 달리실 십자가를 지고 가셨습니다. 십자가를 지는 것은 수치스런 일입니다. 만일 우리 가족이나 친지 중에 누가 감옥에 있다고 하면 밝히기가 좀 부끄러운 일일 수 있습니다. 흉악한 범죄를 저지른 죄수가 체포되었을 경우 기자들이 카메라를 들이대면 대부분의 죄수들은 잠바로 얼굴을 뒤집어쓰거나 팔로 얼굴을 가립니다. 수치스럽기 때문입니다. 그런데 로마 병정들은 사형 언도를 받은 죄수들이 가장 큰 모욕을 당하도록 얼굴을 내 놓고 사형 틀을 짊어지고 가장 먼 길로 돌아서 사형장까지 가도록 하였습니다. 옷을 벗기우고, 심하게 매질 당하여 피투성이가 되어 힘겹게 끌고 가는 십자가는 수치와 고통의 상징이었습니다. 주님은 제자들이 제자답게 되기 위해 자기 십자가를 지라고 명령하셨습니다. 그런데 놀라운 사실은 우리가 십자가를 지기 시작하면 우리에게 감당할 힘을 주시고 피할 길을 주셔서 쉼을 주신다는 것입니다. (고전 10 : 13)

크리스토퍼라는 사람이 가장 강한 왕을 찾기 위해 길을 나섰습니다. 한 번은 사람을 추하게 만들기도 하고, 괴력의 초능력자로 만들기도

하는 사탄을 보게 되었는데, 그 막강하던 사탄이 십자가만 보면 두려워 벌벌 떠는 것을 보면서 예수님이 가장 강하신 분이라는 것을 알게 되었습니다. 그래서 예수님을 믿기 시작하였습니다. 주님께서 자기의 죄를 용서하시기 위해 십자가를 지셨다는 복음을 들으면서 자신도 예수님을 위해 자기 십자가를 지고 싶었습니다. 마침 자기 집 앞에는 작은 개울이 있어서 사람들이 개울을 건널 때마다 신발과 옷이 젖는 불편을 보게 되었습니다. 크리스토퍼는 그 때부터 자기 십자가를 지듯 강을 건너는 길손을 업어 나르는 봉사를 하기로 하였습니다. 어느 날 밤 한 작은 아이를 업어 나르게 되었는데 아이를 업으려는 순간 쇳덩이를 지는 것 같이 무거워서 몸이 뒤로 넘어지려 하였습니다. 어른보다 훨씬 무거운 아이를 겨우 업고서 이상하여 물어 봅니다.

"너는 작은 아이인데 왜 이렇게 무겁느냐?" 그러자 길손이 대답합니다.

"크리스토퍼야, 내가 무거운 것은 세상 죄를 지고 있기 때문이란다. 나는 세상을 창조했고 구원했고, 또한 세상 죄를 담당한 자니라."

자신이 예수님을 위하여 무거운 짐을 지려는 순간 주님께서 그 짐마저 이미 대신하여 지셨기에 그 안에 쉴 곳이 있음을 깨달았습니다. 예수님의 십자가가 광야 같은 세상에 그늘을 만들어 주셔서 기대어 쉬게 하심을 체험하면서 크리스토퍼는 한 찬송시를 써 내려갑니다.

십자가 그늘 아래 나 쉬기 원하네.
저 햇빛 심히 뜨겁고 또 짐이 무거워
이 광야 같은 세상에 늘 방황할 때에
주 십자가의 그늘에 내 쉴 곳 찾았네. (찬송가 415장)

사랑하는 여러분, 주님은 우리의 연약함을 아십니다. 우리가 좁은 길을 걸으면서 자기 십자가를 지려고 할 때 주님은 능히 이 십자가를 질 수 있도록 힘을 주실 뿐 아니라 쉼도 주십니다.

> "누구든지 자기 십자가를 지고 나를 따르지 않는 자도 능히 내 제자가 되지 못하리라."
> 누가복음 14장의 말씀입니다. (27절)

정직

2011. 9. 18.

곽노현 교육감이 과거 교육감 선거를 할 때 박명기 상대 후보에게 2억 원을 주었던 사건 때문에 구속되면서 직무정지가 되었습니다. 상대방 교수의 생활이 어려워 보여서 선의의 뜻으로 주었다고 곽 교육감은 말하고 있지만 차용증을 받은 사실과 돈 세탁 과정이 보도되면서 그 말을 믿는 사람은 많지 않은 것 같습니다. 시간이 지나면 곽 교육감이 진실을 말하는지 아닌지 밝혀지겠지만 정직하게 산다는 것이 얼마나 힘든지를 다시 한 번 보게 되는 사건입니다.

이스라엘 백성들이 가나안 땅에 들어가서 새로운 신앙공동체를 세우기 전에 하나님께서 여러 가지 계명을 주셨는데 그 중에 한 가지가 정직한 상거래를 하도록 명령하셨습니다. 물건을 사고 팔 때 흔히 사용하는 저울추를 속이지 말라고 하시면서 이렇게 명령하십니다.

"너는 네 주머니에 두 종류의 저울추 곧 큰 것과 작은 것을 넣지 말 것이며, 네 집에 두 종류의 되 곧 큰 것과 작은 것을 두지 말 것이요, 오직 온전하고 공정한 저울추를 두며, 온전하고 공정한 되를 둘 것이라. 그리하면 네 하나님 여호와께서 네게 주시는 땅에서 네 날이 길리라." (신명기 25 : 13-15)

두 종류의 저울추나 두 종류의 되를 두지 말라고 하신 것은 같은 말입니다. 직장에 다니거나 사업을 하면서 정직하게 살라는 말씀입니다. 성도는 정직하기 위해 때로는 힘들고 손해 보는 삶을 살아야 합니다. 그래서 성도가 가는 길을 좁은 길이라고 합니다.

최근 정직하게 사업을 하여 성공한 한 분의 신화가 소개되었습니다. 이경수 씨는 목사님의 아들로 태어나 신학대학원을 나오고, 아버지의 교회를 돕고 있었습니다. 몇 년 전 교회가 이사를 하였는데 은행 대출이 되지 않아 할 수 없이 돈을 벌어 분양비를 내어야 했습니다. 그래서 적은 자본으로 할 수 있는 떡볶이 장사를 시작하였습니다. 메뉴는 두 가지였습니다. 장인어른이 이전에 튀김집을 경영한 경험이 있었기에 장인어른이 튀김을 맡기로 하고, 아내는 떡볶이를 만들기로 하였습니다. 가게 이름이 재미있는데 '아버지의 튀김, 딸의 떡볶기' 를 줄여서 '아딸'로 정했습니다. 이 '아딸' 가게에 손님이 많아지면서 똑같은 가게인 가맹점을 내기 시작하였습니다. 그가 '아딸' 가게를 시작한 지 10년이 지나면서 현재 가맹점이 850개가 되었고, 연매출이 1,200억 원에 이르게 되었습니다. 지난 7월에는 중국 베이징에도 가맹점을 내었습니다.

이경수 사장님의 사업 철학은 정직입니다. 전도사 출신이어서 정직한 것도 있겠지만 그는 정직을 자기 삶의 좌우명으로 삼고 살고 있습니다. 가령 떡볶이를 만들던 떡이 바닥에 떨어졌을 때 그것을 주워서 씻어다가 다시 떡볶이를 만들 수 있습니다. 그런데 만일 어떤 손님이 그 광경을 보았다면 다시는 그 가게에 찾아오지 않을 것입니다. 이경수 사장은 비록 당시에는 아무도 보지 못할 수 있겠지만 언젠가 손님이 볼 수 있다는 마음으로 정직하게 재료를 준비하고, 음식을 만든다고 합니다. 얼마 전 3주 동안 세무감사를 받았는데 단 한 건도 걸리지 않았습니다. 도리어 세무서 직원이 어떻게 세금을 100% 다 내었느냐고 놀랐다고 합니다. 이경수 사장님은 이렇게 인터뷰를 했습니다.

"많은 사람들이 사업하려면 약아 빠져야 한다고 생각합니다. 재료도 아끼고 조금씩 속여서 이윤을 극대화하려는 것이지요. 저는 정반대로 생각했습니다. 아무도 보지 않는 골방에서 통닭을 튀겨 팔아도, 그 누가 기름 색깔을 보지 않아도, 내가 정한 원칙대로 정직하게 음식을 만들어 팔겠다, 그렇게 하지 않으면 성공하지 못한다는 게 제 지론입니다."

사랑하는 여러분, 정직하게 살아가기가 쉽지는 않지만 불가능한 것도 아닙니다. 주님은 우리를 빛과 소금이 되라고 하십니다. 세상은 거짓으로 부패하려는 속성이 있습니다. 그러나 성도들은 이런 세상을 깨끗하고 정직하게 지키기 위해 때로는 좁고 협착한 골짜기를 따라 가야 합니다.

"속이는 저울은 여호와께서 미워하시나 공평한 추는 그가 기뻐하시느니라.
정직한 자의 성실은 자기를 인도하거니와 사악한 자의 패역은 자기를 망하게 하느니라."
잠언 11장의 말씀입니다. (1, 3절)

동행하시는 하나님

2011. 9. 25.

높이 221 m의 엄청난 규모를 자랑하는 후버 댐은 미국이 대공황에 빠져 있던 1931년에 착공하여 5년 동안 건축되었습니다. 절망적이었던 미국의 경제를 부활시켰던 후버 댐에는 지금도 매년 백만 명의 관광객들이 찾고 있습니다. 이 댐을 건설하는 과정에서 96명의 희생자가 발생하였는데 댐의 게시판에 희생자들의 명단과 함께 이런 글이 있다고 합니다.

"이들이 왜 죽었는가? 이 사막에 다시 생수의 강이 흐르고, 이 메마른 땅에 장미꽃을 피우기 위해서이다."

이 말을 조금만 바꾸면 예수님에 대한 소개가 될 수 있습니다.

"예수 그리스도는 왜 돌아가셨는가? 이 사막 같은 인생길에 천국의 생명수 강을 흐르게 하고, 메마른 인생길에 천국의 생명나무 꽃을 피우기 위해서이다."

그렇습니다. 예수님은 우리의 삭막한 인생길을 풍요롭게 바꾸어 주고 절망하는 사람들에게 새로운 소망을 주십니다. 아직 초신자도 상관없습니다. 죄가 너무 중하여 구제 불능이라 하여도 상관없습니다. 예수님을 믿으면 주님은 우리 마음속에 들어 오셔서 지금부터 천국까지 동행하시겠다고 약속하고 있습니다.

한국에서 6개의 건실한 회사를 경영하는 대의그룹의 채의숭 회장님이 쓰신 「주께 하듯 하라」는 책에서 많은 은혜를 받았습니다. 채의숭 회장님은 장로님으로서 3대째 믿음의 가정에서 태어났는데 3대가 모두 장로님이고, 형제가 셋인데 모두 장로님입니다. 그 어머니께서 어려서부터 세 가지를 항상 교훈하셨는데, 첫째는 주일을 성수하라는 것이었습니다. 그것도 가능하면 본 교회에서 주일을 지내되 예배 시간에 제일 앞자리에 앉도록 가르치셨습니다. 둘째로는 십일조를 철저히 하면 분명 복을 받는다고 가르치셨고, 셋째로는 목사님께 순종하고 교인들을 잘 섬기라고 가르치셨습니다. 군대를 제대한 후 삼성과 대우에서 일하다가 자신있게 자기 사업을 시작하였습니다. 평생 번 돈과 빌린 자금으로 부천에 자동차 부품 공장을 세우고 신형기계들로 공장을 가득 채웠습니다. 그런데 안타깝게도 1986년에 100년 만에 내리는 폭우가 부천 공장을 덮쳤는데 바닷물까지 역류하여 공장으로 들어와 모든 것을 잃고 말았습니다. 이 때 한 친구가 찾아왔습니다. 대우 그룹 김우중 회장의 동생 김성중 씨였습니다. 반드시 재기할 수 있을 것이니 힘내라고 격려하면서 봉투를 한 장 주고 갔는데 그 속에 1억원이 들어 있었습니다. 25년 전의 1억원은 엄청난 가치였고 다시 일어설 수 있는 거금이었습니다.

그리고 1991년 여름에 태풍이 불었는데 공장에 불이 나고 말았습니다. 태풍을 만난 불길은 더욱 거세었습니다. 소방차 28대와 미군 화학차까지 동원되어 간신히 불을 껐지만 공장은 완전히 잿더미가 되고 말았습니다. 감사한 것은 모든 채무자들이 다시 재기하도록 기다려 주었을 뿐 아니라 원료회사는 1억 원의 어음을 막아 주었고, 거래 은행은 100억 원의 추가 대출을 해 주어 1년 후에 다시 일어날 수 있었습니다. 그리고 새롭게 회사가 성장하게 되자 8,000평의 새 공장을 짓고 그 이름을 'MGS' 곧 'My Great Shepherd : 나의 위대하신 목자' 라고 지었습니다.

시련은 그것이 마지막이 아니었습니다. 1999년 대우그룹이 부도로 붕괴되었을 때 200개의 협력업체 중에 53개의 회사가 연대로 부도가 났습니다. 채 장로님도 대우에서 받을 빚이 많이 있었지만 당장 자기가 발행한 어음을 막지 못하면 부도가 날 수 밖에 없었습니다. 마침 추수감사절이 되어서 500만 원 짜리 주택청약통장을 장롱에서 꺼내어 추수감사헌금으로 드렸습니다. 그런데 기적이 일어났습니다. 자기도 알지 못하는 외국 자동차 회사에서 물밀듯이 주문이 들어오기 시작하였습니다. 추수감사헌금의 1,000배가 들어왔습니다.

채 장로님은 홍수와 화마와 부도의 고통 중에도 동행하시는 하나님을 체험하였습니다. 그는 교회 100개를 건축하는 꿈이 있었는데 15개 나라에 50여개의 교회를 건축하였습니다. 하나님은 믿음의 사람들과 전적으로 동행하시는 분이십니다.

> "너의 하나님 여호와가 너의 가운데에 계시니 그는 구원을 베푸실 전능자이시라. 그가 너로 말미암아 기쁨을 이기지 못하시며 너를 잠잠히 사랑하시며 너로 말미암아 즐거이 부르며 기뻐하시리라."
> 스바냐 3장의 말씀입니다. (17절)

포기하지 맙시다

2011. 10. 2.

일본의 오노노 미치카제(小夜 道風)라는 사람이 공부 할 때의 이야기입니다. 그가 공부를 하다가 어느 단계에 이르자 더 이상 진보가 보이지 않았습니다. 그러자 자기는 공부에 자질이 없다고 생각하고 포기하기로 하였습니다. 그는 지겨운 책들을 다 치워 버리고 한가하게 뜰로 나왔습니다. 마침 비가 내리고 있어서 오노노 미치카제는 우산을 받쳐 들고 정원 이곳저곳을 돌아다니다가 우연히 연못가에 가게 되었습니다. 비 내리는 연못가에 서서 하염없이 연못 속을 바라보고 있었는데 갑자기 개구리 한 마리가 뛰는 것을 볼 수 있었습니다. 그 개구리는 물에서 육지로 올라오려 하였지만 연못의 높이가 있어서 그냥 기어 나올 수가 없었습니다. 미물 같은 개구리였지만 못가에 드리워진 나뭇가지 잎을 이용하여 기어 나오려고 하였습니다. 개구리는 펄쩍 뛰어 나뭇잎에 붙으려 하였지만 나뭇가지가 휘청하며 내려앉자 그만 물속으로 빠졌습니다.

개구리는 다시 헤엄쳐서 나뭇가지 곁으로 와서는 드리워진 가지 잎에 붙으려고 다시 뛰어 올라 보았습니다. 그러나 힘없는 나뭇가지는 다시 내려앉았고 개구리는 물속에 빠지고 말았습니다. 그 개구리는 다른 방법을 찾으려 하지 않고 다시 헤엄쳐서 그 나뭇가지에 올라타려고 뛰어 올랐지만 번번히 물에 빠지곤 하였습니다. 미련하다고 생각하면서도 오노노 미치카제는 그 개구리의 행동을 계속해서 쳐다보고 있었습니다. 개구리는 나뭇가지에서 떨어지기를 수십 번을 반복하더니 마침내 그 나뭇가지를 붙잡는데 성공하여 살금살금 뭍으로 기어 올라왔습니다. 계속 도전하여 결국 성공한 개구리를 보면서, 오노노 미치카제는 공부가 잘 되지 않는다고 포기한 자신의 모습이 부끄러웠습니다. 이 일 후로 그는 다시 방으로 돌아가 책들을 꺼내놓고 공부를 계속 하게 되었고, 결국 일본 최고의 명필가요 문장가가 되었다고 합니다. 오노노 미치카제는 자기가 힘들고 포기하고 싶을 때마다 그 개구리를 생각하였기에 그의 초상화에 개구리를 그려 넣었습니다. 많은 한국 사람들이 그가 그린 마흔 여덟 점의 작품들과 아주 친숙한데 바로 화투장의 그림들입니다. 특히 비광으로 불리는 화투장 그림의 우산을 든 사람이 오노노 미치카제의 자화상이고, 그 발 곁에 있는 큰 개구리가 자신에게 힘을 불어주었던 개구리 그림입니다.

예수님을 믿으며 사는 성도들은 거룩하게 살려고 노력합니다. 술, 담배, 도박, 거짓말, 음란, 게으름 등 세상적인 탐욕을 끊고 주님께 순종하겠다고 결단하고 실천하다가 종종 넘어지게 됩니다. 주님께서는 우리가 실패하였다고 하더라도 포기하지 말고 다시 일어나길 원하십니다. 바울과 바나바가 1차 전도여행을 떠날 때 청년 마가를 데리고 떠났습니다. 아무도 반기지 않는 곳에 찾아 들어가서 낯선 사람들에게 복음을 전하는 여행은 두렵고 힘들기만 했습니다. 마가는 밤빌리아라는 곳까지 따라가며 전도하다가 결국 견디지 못하고 포기하고 말았습니다. 바울과 바나바는 1차 전도여행을 무사히 마치고 돌아왔다가 다시 2차 전도여행을 떠나기로 하였습니다. 바나바는 마가를 다시 데리고 떠나자고 하였지만 바울은 그 청년에게 얼마나 실망이 컸는지 마가를 데리고 가지 않겠다고 하였습니다. 바나바에게는 실패한 사람을 잘 격려하고 다시 일으켜 세우는 특별한 은사가 있었습니다. 마가는 바나바의 위로와 설득 가운데 다시 도전할 수 있었고 마침내 아주 유익한 주님의 일꾼이 되었습니다. 바울이 임종할 때가 가까워 갈 때 디모데에게 편지를 쓰면서 마가를 꼭 데리고 오라고 부탁할 만큼 유익하고 인정된 사역자가 되었고, 마가복음의 저자가 될 수 있었습니다.

사랑하는 여러분, 하나님의 일을 열심히 하다가 시험 들어서 절망하고 중단하는 일은 없으십니까? 결코 포기하지 마시기 바랍니다.

> **"자기의 육체를 위하여 심는 자는 육체로부터 썩어질 것을 거두고, 성령을 위하여 심는 자는 성령으로부터 영생을 거두리라. 우리가 선을 행하되 낙심하지 말지니 포기하지 아니하면 때가 이르매 거두리라."**
> 갈라디아서 6장의 말씀입니다. (8, 9절)

하나님을 바라봅시다

2011. 10. 9.

다윗의 셋째 아들 압살롬 왕자에게는 다말이라는 예쁜 여동생이 있었습니다. 암논이라는 이복 오빠가 다말을 겁탈하고 버리게 되자 이 일에 앙심을 품고 있던 압살롬은 결국 이복형 암논을 죽이고 외할아버지 집으로 도망하였습니다. 3년 후에 다시 예루살렘으로 돌아오게 되지만 그 후로 2년이 지나서야 다윗 왕 앞에 설 수 있었습니다. 그러나 비뚤어진 마음은 왕과 백성들 사이를 이간질 하면서 독버섯처럼 자라고 있었습니다. 아버지에게 구데타를 일으킬 준비를 갖춘 후 압살롬은 헤브론으로 내려가 스스로 왕으로 취임하였습니다. 그리고는 아버지 다윗 왕이 있는 예루살렘을 향해 진격해 옵니다. 백성과 군인들의 인심이 다 압살롬에게 돌아간 것을 알게 된 다윗은 맨발로 도망하였습니다. 그러면서 그는 비통의 노래를 지었는데 그것이 시편 3편입니다.

"여호와여 나의 대적이 어찌 그리 많은지요? 일어나 나를 치는 자가 많으니이다. 많은 사람이 나를 대적하여 말하기를 '그는 하나님께 구원을 받지 못한다.' 하나이다." (시 3-1, 2)

다윗은 이렇게 탄식할 만큼 큰 고통 가운데 도망하였습니다.

주대준이라는 소년은 부잣집에서 태어났지만 초등학교 2학년 때 아버지가 사기를 당하는 바람에 거제도로 도피하게 되었습니다. 이웃 아주머니의 손에 이끌려 처음으로 교회에 가게 되었는데 교회 간판 아래 "주 예수를 믿으라"는 성경구절이 써 있는 것을 보면서 교회 건물의 주인이 주예수 씨라고 생각했다고 합니다. 자기는 주대준, 그 집 주인은 주예수, 그래서 자기와 같은 종씨 친척인 줄 알고 교회에 첫 발을 디디면서 주님과의 동행이 시작되었습니다.

육군 삼사관학교를 졸업하고 후에 전산장교가 되어 30대 중반에 소령이 되었습니다. 그는 국비 유학생으로 미국에서 석사 과정을 끝내고 전산처장 보좌관으로 일하면서 전산장교 6백 여 명의 교육과 보직, 인사관리까지 겸임하면서 바쁘게 지냈습니다. 그런 중에도 이상하게 청와대에서 일하고 싶은 충동이 계속 일어나 10년 동안 청와대를 바라보며 준비하였습니다. 청와대에서 처음으로 전산 팀을 만들 때 그는 전산 팀장으로 뽑히게 되어 경호실 차장으로 일하게 되었습니다. 하나님을 바라볼 때 하나님께서 이루어 주시고, 청와대를 바라볼 때 청와대에서 일하게 하심을 깨달은 주대준 장로님은 하나님을 바라보는 성도가 되어야 함을 권고하면서 「바라봄의 법칙」이라는 책을 내었습니다.

대통령 경호실하면 그냥 무술 잘하는 사람들이 비호처럼 몸을 날려 적을 제압하는 것이라고 생각하기가 쉽습니다. 물론 사격이나 무술이나 충성심은 경호원의 기본이지만 그 위에 인격과 지적인 면을 갖추어야 합니다. IT 첨단 한국답게 컴퓨터를 능숙하게 사용할 줄 아는 경호원들이 되게 하여 한국의 경호 기술을 세계 최상의 위치로 끌어올리게 한 사람이 바로 주대준 경호차장입니다. 과학 경호로서 무력과 지력을 갖추었다고 해도 결국 하나님의 도우심이 없이는 안 된다는 것을 알기에 주대준 장로님은 "모든 준비를 철저하게 하면서도 항상 하나님을 바라보며 기도한다."고 고백하고 있습니다.

다윗은 도망하면서도 하나님을 바라보았기에 천만 명의 적군을 두려워하지 않을 수 있었습니다. 결국 다윗이 믿었던 대로 압살롬과 그의 군사 2만 명이 전사하였고, 다윗은 다시 왕궁으로 돌아올 수 있었습니다.

> "천만인이 나를 에워싸 진 친다 하여도 나는 두려워하지 아니하리이다. 여호와여 일어나소서. 나의 하나님이여 나를 구원하소서. 주께서 나의 모든 원수의 뺨을 치시며 악인의 이를 꺾으셨나이다. 구원은 여호와께 있사오니 주의 복을 주의 백성에게 내리소서."
> 시편 3편의 말씀입니다. (6, 8절)

죄의 센서

2011. 10. 23.

저희 교회 주차장에서 밤에 문 가까이 다가오면 저절로 전등이 켜집니다. 전등에 붙어 있는 행동감지 센서(motion sensor) 가 사람의 움직임을 감지하여 전원을 연결하기 때문입니다. 예수를 믿는 성도들에게 꼭 필요한 센서가 하나 있습니다. 죄를 지으면 영혼의 경고등이 켜지는 죄의 센서가 꼭 있어야 합니다. 다윗에게도 죄에 대한 경고등이 있었습니다. 죄를 지으면 그의 몸과 영혼을 떨게 하는 센서가 있었습니다. 시편에는 그가 쓴 회개의 시가 일곱 편이 있는데 그 중에 첫 편인 시편 6편에 보면 다윗이 죄를 지었을 때 그의 몸과 영혼에 떨림의 증세가 일어났던 것을 볼 수 있습니다. 「현대어 성경」을 보면 다윗은 죄로 인한 떨림을 이렇게 고백하고 있습니다.

“이렇듯 기진맥진하오니 이 몸 불쌍히 여기소서. 뼈 마디마디 덜덜 떨리오니 이 몸 고쳐 주소서. 너무나 떨리어 이 몸 가눌 길 없습니다.”

(시 6 : 2, 3)

죄를 지었기에 다윗은 몸이 몹시 수척하여졌고, 뼈 마디마디가 흔들거리며 떨렸고 그 영혼도 심히 떨었습니다. 건강이 나빠지면 눈이 먼저 피곤해지듯이 그는 "죄로 인하여 그 눈이 쇠약해지고 어두워져서 앞이 잘 보이지 않는다."고 고백합니다.

현대병의 원인이 되는 음식으로서 세 가지 흰색을 조심하라고 합니다. 곧, 쌀밥과 밀가루와 설탕인데 그 중에서도 설탕이 질병원인의 40%를 차지한다고 합니다. 한 여자 집사님은 음식을 살 때마다 성분표를 일일이 보면서 설탕이 들어간 것을 피하여 구입한다고 합니다. 그 분이 당뇨병이 있는 것은 아니지만 설탕을 먹으면 큰 병이 생길 것 같아서 철저하게 설탕을 피하고 있는데 보통 스트레스가 아닙니다. 차라리 설탕 조금 먹고 스트레스 덜 받는 것이 건강에 좋지 않을까 생각이 들 정도입니다. 그 집사님이 설탕에 대하여 예민한 것처럼 우리 성도들은 죄에 대한 센서가 예민해져야 합니다.

저는 딸과 아들 두 남매를 두었습니다. 둘째가 아들인데 이라크 전쟁터에 두 번을 다녀왔습니다. 이라크에서도 험한 편인 모술 지역에 야전부대로 나가 있을 때 몇 주에 한 번씩 본부가 있는 부대에 돌아와야 이메일도 하고, 전화도 하였습니다. 평소에는 통 소식을 알 수가 없습니다. 무소식이 희소식이라고 미군에서 아무 소식이 없는 것에 감사하며 하루하루를 보냈습니다. 표현은 하지 않아도 저나 저희 집사람이나 아들 걱정이 떠나지 않았습니다. 저희는 서로 이라크에서 누가 다쳤다든지 죽었다든지 하는 이야기를 하지 않았습니다. 이런 말은 서로 간에 금기시 되어 있었습니다. 왜냐하면 그 부분이 저희 부부에게는 민감한 센서가 작동하고 있는 자리였기 때문입니다.

과거에 조직범죄단에서 칼잡이로 있던 한 사람이 있었습니다. 칼로써 죄 없는 사람을 위협하여 돈을 빼앗고, 내놓지 않으면 찔러서 불구자로 만드는 구제불능 같은 인간이었습니다. 그러다가 신앙 좋은 여자를 사랑하게 되면서 그의 마음 속에도 예수님이 자리 잡게 되었습니다. 어느 날 그 부부가 목사님을 찾아와 "과거를 청산하고 주님만 열심히 섬기겠다."고 고백하였습니다. 그리고 그 약속대로 모든 교회 모임마다 열심히 참석하고 봉사하였습니다. 그런데 그에게는 왼손 가운뎃손가락이 없었습니다. 시킨 임무에서 실패하자 조직의 보스가 그 손가락을 손도끼로 찍어 내었다는 것이었습니다. 그 손가락은 과거 죄를 짓던 자신의 삶의 흔적이었습니다. 그래서 그는 교회에서 봉사할 때 잘려나간 손가락을 철저하게 감추고 일을 하였습니다. 10여년 간 열심히 봉사하며 성도들을 섬기자 교인들은 그를 장로님으로 세웠습니다. 목사님을 도와 첫 성찬식을 할 때 그 장로님은 성찬기를 들고 서서는 움직이질 못하였습니다. 울고 있었습니다. 죄의 흔적인 잘려나간 손가락으로 거룩한 성찬을 들고 서 있는 자신을 보는 순간 죄의 센서가 울리면서 온몸과 마음이 떨려왔기 때문입니다.

사랑하는 여러분의 가슴 속에는 죄에 대하여 아픔과 두려움을 느낄 수 있는 센서가 있으십니까? 다윗은 이런 경고등 때문에 위대한 하나님의 도구가 될 수 있었습니다.

> "여호와여, 내가 수척하였사오니 내게 은혜를 베푸소서. 여호와여, 나의 뼈가 떨리오니 나를 고치소서. 나의 영혼도 매우 떨리나이다."
> 시편 6편의 말씀입니다. (2, 3절)

무명의 권서들

2011. 10. 30.

한국에 온 첫 선교사님은 언더우드와 아펜셀러 선교사인데 1885년도에 들어왔습니다. 그런데 1882년에 이미 중국 심양에서 로스 목사님을 도운 조선 사람들에 의해 신약성경의 누가복음이 번역되어 발행되었습니다. 이런 성경책을 보급하기 위해 권서 곧 책을 파는 사람들이 생겼는데 조선의 첫 권서인 서상륜 권서는 1882년 10월에 500권의 누가복음 번역본과 그 밖의 기독교 관련 소책자들을 등에 지고 평안도 의주로 들어왔습니다. 최초 선교사의 입국보다 권서의 전도 활동이 3년이나 빨랐던 한국은 이런 평신도들에 의해 교회의 기초가 다져지기 시작하였습니다. 권서들은 선교사들로부터 복음을 듣고 예수님을 믿게 된 사람들인데 성경책을 팔면서 전도하러 다녔습니다. 먹고 살기도 힘든 그 시절에 생소하기만 했던 성경책을 살 사람은 없었습니다. 그렇지만 성경책을 무료로 배부하지는 않았습니다. 돈이 없으면 곡식이나 생선, 옷, 성냥

등을 받고 성경과 교환하였습니다. 가난한 집일 경우 계란 한 개라도 받고 팔았는데 공짜로 주면 귀히 여기지 않고 성경을 잘 읽지도 않기 때문이었습니다. 1940년까지 한국 성경보급의 85%가 권서들에 의해 이루어졌다고 합니다. 초대 교회 선교사들은 "권서들이 없었다면 한국에서 복음을 전하는 일이 실패했을지 모른다."고 고백하고 있습니다. 하늘나라에 가면 한국에서 젊음을 바친 선교사님들의 상급도 크겠지만 이런 무명의 권서들의 상급도 결코 작지 않을 것입니다.

2천여 년 전 오순절 날 최초로 세워진 예루살렘 교회는 기쁨으로 충만하였습니다. 매주 수십, 수백 명, 때로는 수천 명이 예수님을 영접하면서 이 초대교회는 급속도로 부흥하였습니다. 그중에는 질병에서 치유받은 사람, 자식이 변화된 사람, 원수를 사랑하게 되면서 인생이 바뀐 사람 등 다양한 기적을 체험한 사람들이 모이게 되면서 간증이 많았을 것입니다. 찬송과 기도와 간증을 나누는 동안 서로에게 큰 힘이 되었기에 이들이 모이면 헤어질 줄 몰랐습니다. 예수님의 유언적 말씀은 땅끝까지 이르러 증인이 되라고 하셨는데 이들은 흩어지려 하지 않았습니다. 스데반의 순교를 통하여 하나님께서는 억지로 성도들을 흩어지게 하셨습니다. 그리스어가 편한 유대인들이 주로 세계 각처로 흩어지게 되었는데 이들 디아스포라들은 그리스어를 구사하는 유대인들에게만 복음을 전하였습니다. 그러다 이 평신도들이 안디옥이라는 큰 도시에서 처음으로 유대인이 아닌 그리스 사람들에게도 전도하였는데 놀랍게도 그리스 사람들이 복음을 듣고는 예수님을 믿기 시작하였습니다. 요즘 말로 바꾸면 영어가 편한 한인들이 미국에서 백인들에게 전도했는데 이들이 믿게 되었습니다. 주님께서 "예루살렘과 사마리아와 땅 끝까지 복음을 전하라."고 명령하셨는데 이 안디옥 교회는 땅 끝의 시작으로서 외국에 세워진 첫 교회가 되었습니다. 놀라운 것은 이 첫 교회는 사도들이 아니라 성령충만했던 무명의 평신도들에 의하여 세워진 교회입니다.

권서라는 평신도들로 인해 한국 선교의 기초가 다져졌듯이 세계 선교의 기초는 안디옥에 찾아온 평신도들에 의하여 시작되었습니다. 한국의 첫 권서였던 서상륜 권서의 동생 서경조 씨는 한국 최초의 일곱 목사님 중 한 사람이 되었고, 그 아들 서병호 장로는 한국 최초의 유아세례자가 되었습니다. 그 아들 서재현 장로는 독립운동가였고, 그 아들 서원석 장로는 현재 대한성서공회 홍보진흥 본부장으로 사역하고 있습니다. 큰 고조부님이 한국 최초의 권서였는데 4대 후손이 지금 한국의 성경을 보급하는 주역으로 일하게 되었습니다.

사랑하는 여러분, 하나님께서는 무명의 성도들을 통하여 큰일을 이루십니다. 빛처럼 소금처럼 살아가면서 하나님의 나라를 이루어가는 일에 아름답게 쓰임 받으시기 바랍니다.

> "몇 사람이 안디옥에 이르러 헬라인에게도 말하여 주 예수를 전파하니 주의 손이 그들과 함께 하시매 수많은 사람들이 믿고 주께 돌아오더라."
> 사도행전 11장의 말씀입니다. (20, 21절)

제 4 장

눈에 보이는 하나님

축복 받는 선택

문들아, 들릴지어다

하나님의 나팔 소리

지키시는 하나님

책임보증 기간

쉬지 않고 일하시는 하나님

눈에 보이는 하나님

2011. 11. 20.

밤에 항해하는 배에는 자동차나 비행기와 다른 점이 하나 있습니다. 비행기나 자동차에는 헤드라이트가 있어서 밤에 앞을 환하게 비추면서 가는데 배에는 헤드라이트가 없습니다. 배의 좌우를 표시하는 색깔 등 외에는 모든 전등을 다 끄고 갑니다. 운전대가 있는 배 꼭대기 층을 조타실(bridge)이라고 하는데 삼면이 유리입니다. 그 속에도 모든 불을 다 끄고 갑니다. 칠흑 같이 어둡습니다. 여러 색깔의 계기판 바늘만 보일 뿐입니다. 그래서 항해사들은 근무시간이 시작되기 15분 전에 올라가서 해도를 미리 보아 두고 나서 캄캄한 조타실에 들어가 그냥 서 있습니다. 그러면 눈이 어두운 곳에 서서히 익숙해지게 됩니다. 좀 지나면 조타실 안과 바다가 어느 정도 환하게 보입니다. 그리고 교대시간이 되면 인수인계를 받은 후 근무를 시작합니다. 조타실 밖의 공중에 떠있는 갑판을 윙 브리지(wing bridge)라고 부르는데 칠흑 같은 밤에 윙

브리지에 나가서 하늘을 보면 별이 쏟아집니다. 「별이 쏟아지는 해변으로 가요」 라는 노래가 있지만 횟집이나 가게들이 가까이 있는 해변은 사실 별이 그리 많지 않습니다. 밝은 시카고에서는 밤하늘의 별을 셀 수 있을 정도입니다. 북두칠성 정도 되는 밝은 별들만 보입니다. 그러나 공해가 없는 시골에서 캄캄한 밤에 하늘을 보면 정말 별이 많습니다. 별이 초롱초롱하고 무척이나 가깝게 보입니다. 다윗은 목동 시절에 밤하늘의 별들을 보면서 달과 별을 지으신 하나님을 묵상하였습니다. 하나님께서 그 별들을 공중에 견고하게 달아 놓으시고 운행하신다는 사실을 깨달았습니다. 그 달과 별들이 하나님의 능력을 찬양하고 있는 것을 보았습니다. 그래서 다윗은 시편 8편에서 이렇게 노래하고 있습니다.

"여호와 우리 주여, 주의 이름이 온 땅에 어찌 그리 아름다운지요? 주의 영광이 하늘을 덮었나이다. 주의 손가락으로 만드신 주의 하늘과 주께서 베풀어 두신 달과 별들을 내가 보오니." (시 8 : 1, 3)

하나님께서 손가락으로 섬세하게 세상을 만드시고 세상 만물을 주관하고 계십니다.

하나님은 영이시기 때문에 어떤 형체를 가지신 분이 아닙니다. 우리의 육안으로 보이지 않습니다. 가끔 성도님들 가운데 하나님을 보았다고 말하는 분들이 있습니다. 그러면 다른 분들도 하나님을 한 번 보았으면 좋겠다고 생각합니다. 그러나 하나님은 보이지 않습니다. 산신령처럼 하얀 옷을 입으시고 나타나서 "내가 하나님이다." 이렇게 말씀하며 보여주시는 분이 아닙니다. 그러나 우리는 하나님의 손가락으로 지으신 만물을 보면서 하나님의 현존을 깨달을 수 있습니다. 믿음의 눈으로만 볼 수 있습니다.

제 사무실에는 「우리의 도선사이신 예수님」(Christ our pilot)이라는 그림이 걸려 있습니다. 심한 풍랑이 이는 바다에서 한 선원이 키를 잡고 있는데 선원 뒤에 계신 예수님께서 손을 내밀어 방향을 가리키시는 그림입니다. 「문 두드리는 예수님」「목자 예수님」 그림 등 우리 눈에 익은 많은 성화를 그렸던 워너 샐먼(Warner Sallman)의 그림입니다. 그 그림 오른쪽 아래에는 「Sallman 1950」이라고 적혀 있습니다. 그의 사인입니다. 샐먼이라는 화가를 본 적은 없지만 샐먼의 손가락으로 남긴 그의 사인을 보면서 그 화가가 이 그림을 그렸다는 것을 우리는 인정하게 됩니다. 세상의 높은 산들을 보면서, 넓은 바다를 보면서, 우리는 그 속에 있는 하나님의 사인을 볼 수 있어야 합니다. 밤하늘의 달과 별을 보면서 다윗이 하나님의 존재를 깨달았듯이 우리는 우리의 일터에서, 주위의 환경에서, 하나님의 손가락을 볼 수 있어야 합니다. 나이아가라 폭포에서, 그랜드캐니언에서, 또한 태평양 바다에서 하나님의 손가락을 볼 수 있어야 합니다. 마당에 날아드는 새 한 마리, 꽃 한 송이, 나비 한 마리에서 하나님의 손길이 보인다면 이 분은 분명 믿음의 사람입니다. 그 믿음으로 하나님을 사랑하고 이웃을 사랑한다면 그는 하나님의 자녀임이 틀림없습니다.

> "사랑하는 자들아, 하나님이 이같이 우리를 사랑하셨은즉 우리도 서로 사랑하는 것이 마땅하도다. 어느 때나 하나님을 본 사람이 없으되 만일 우리가 서로 사랑하면 하나님이 우리 안에 거하시고 그의 사랑이 우리 안에 온전히 이루어지느니라."
> 요한일서 4장의 말씀입니다. (11, 12절)

축복 받는 선택

2011. 11. 13.

지난 금요일(4일) 새벽에 탈북자 24명이 중국에서 배를 타고 공해상까지 나와서는 한국 선박으로 옮겨 타는 방식으로 남한에 들어왔습니다. 또한 지난 토요일에는 대여섯 명이 탈 수 있는 자그마한 목선에 21명이나 되는 북한 주민들이 타고 목숨을 걸고 우리나라 해역으로 들어와 인천항으로 예인되었습니다. 같은 날, 한 북한 군인이 타이어에 나무를 묶어서 만든 열악한 뗏목을 타고 조류를 이용하여 탈북하는 데 성공하였습니다. 이들 46명은 이북에서는 소망이 없기에 행복을 찾아 죽음을 각오하고 한국행을 선택한 사람들입니다. 우리는 항상 크고 작은 선택을 하면서 살아야 합니다.

일률적인 배급생활에 익숙해 있던 소련의 스탈린의 딸이 미국으로 망명 와 살았는데, 미국 생활에 적응하면서 가장 어려웠던 것은 선택해야 할 것이 너무 많은 것이었다고 합니다. 소련에서 비누나 치약을 배급 받으려면 정해진 숫자대로만 받으면 되었는데, 미국에서 물건을 사려고 하면 비누와 치약 종류가 수십 가지나 되므로 선택을 위해 생각을 많이 하게 됩니다. 식당에서 스테이크를 주문하려 하면, 고기는 얼마나 익혀서 구울지, 수프를 먹을지, 아니면 샐러드를 먹을지를 선택해야 합니다. 샐러드를 먹겠다고 하면 다시 드레싱 종류를 골라야 합니다. 자동차를 사려 해도 수십 가지 모델 중에서 골라야 하고, 색상과 선택사항(option)도 결정해야 합니다. 이런 선택을 잘 하고 나면 음식 먹는 시간이 즐겁고, 자동차를 타는 것도 행복한 일이 됩니다. 영적인 삶도 마찬가지여서 천국과 지옥이 우리 앞에 놓여 있는데 우리는 한 가지를 선택해야 합니다. 예수님을 믿기로 결단한다면 천국을 소유하는 가장 귀한 선택을 한 사람이 됩니다.

아브람이 애굽으로 내려갔다가 가나안으로 돌아올 때 은금과 가축이 많은 부자가 되었습니다. 조카 롯도 어느 정도 재산을 형성하게 되어서 두 사람의 목자들끼리 물과 목초지 때문에 다툼이 생기곤 하였습니다. 그래서 아브람의 제안으로 두 사람이 서로 헤어져 살기로 하였습니다. 이 때 롯에게 땅의 선택권을 주었습니다. 그러자 롯은 물이 넉넉해 보이는 소돔 쪽 땅을 선택하였습니다. 그러나 그 땅은 육신적으로는 물이 많고 살기 좋은 환경이었지만 영적으로 볼 때 타락한 사람들이 사는 소돔성이 가까웠습니다. 누구나 타락한 환경에서 살면 타락하기가 쉽습니다. 결국 롯은 패망하였는데 영적으로 타락한 지역을 선택한 것이 롯의 잘못이었습니다.

성남 반석교회 김영술 집사님은 서울대 법대를 나와서 사법고시를 패스한 엘리트입니다. 노태우, 전두환 두 전직 대통령이 재판을 받는 역사적인 현장이 TV로 중계될 때 법률적 해설을 맡기도 할 만큼 유명한 변호사였습니다. 그런데 2000년도에 국회의원 출마를 권유 받으면서 그는 정치에 몸담게 되었습니다. 한 번도 실패를 경험해 본 적이 없었던 그는 당선이 확실시 되어 보이는 고향 광주 출마를 거절하고 서울 송파구에서 출마하였는데 결과는 낙선이었습니다. 4년 후에 다시 재도전하였지만 결과는 마찬가지였습니다. 두 번의 좌절을 겪고 난 후 그의 체력은 현저히 떨어졌는데 2006년 겨울 그는 암 선고를 받았습니다. 암세포가 뇌까지 전이 되어 6개월을 넘기기 힘들다는 진단을 받았습니다. 못다 이룬 정치의 꿈이 서글펐고, 그보다 자폐증을 앓고 있는 아들이 걱정되어 견딜 수가 없었습니다. 6개월이 아닌 6년이 지난 그는 건강한 모습으로 「눈물 많은 남자」 라는 책을 한 권 내었습니다. 고통스런 항암치료를 받아가며 자연 속에서 신앙으로 이겨낸 그의 투병기에서 그는 이렇게 쓰고 있습니다.

"폐암 4기로 길어야 6개월 밖에 살수 없다는 시한부 선고를 받았다. 앞이 캄캄했고 세상이 무너지는 것 같았다. 인간의 힘으로 의지할 곳 없던 나는 내 생명을 살려달라고 하나님께 매달렸다. 그것밖에 할 수 있는 일이 없었다. 그리고 기적처럼 점차 건강이 회복되어 갔다. 고난을 겪고 나서야 나는 나를 찾게 되었다. 암을 얻고 나서 욕심을 놓게 되었고, 욕심을 내려놓으니 작은 일에도 감사하는 마음이 생겨났다. 감사하다보니 기쁨이 일어났다. 이것은 고난이 내게 준 크나 큰 선물이다."

김영술 집사님은 세상의 권력을 내려놓고, 하나님을 선택하였습니다. 욕심을 내려놓고, 감사를 선택하였습니다.

예수님이 우리의 구원의 길을 마련하시기 위해 십자가를 선택하셨던 것처럼 우리는 하나님의 영광을 위하여 순종의 길을 선택해야 합니다.

"내가 생명과 사망과 복과 저주를 네 앞에 두었은즉 너와 네 자손이 살기 위하여 생명을 택하고, 네 하나님 여호와를 사랑하고 그의 말씀을 청종하며 또 그를 의지하라."
신명기 30장의 말씀입니다. (19, 20절)

문들아, 들릴지어다

2011. 12. 11.

다윗이 유다 왕이 된 후 블레셋을 물리치면서 아주 용맹한 군사 3만 명과 함께 법궤가 있던 바알레 유다라는 곳을 점령하였습니다. 그 때 법궤가 아비나답의 집에 오래 동안 보관되어 있었습니다. 다윗 왕은 새 수레에 법궤를 싣고 옮겼는데 수레 앞에는 아비나답의 아들 아효가 섰고, 뒤에는 웃사가 따라가고 있었습니다. 이 때 갑자기 소들이 뛰자 법궤가 떨어지려 하였습니다. 그 순간 웃사가 법궤를 붙들었다가 하나님의 진노를 받아 즉사하였습니다. 사실 법궤는 레위인들이 어깨에 메고 옮겨야 하는데 수레에 실어 옮겼고, 또한 제사장 외에는 만지면 안 되는데 만졌기 때문이었습니다. 다윗은 두려워서 더 이상 법궤를 다윗 성으로 모셔 가지 못하고, 단 지파 영역에 사는 오벧에돔의 집에 맡겼습니다. 법궤가 그 집에서 석 달 동안 있었는데, 그 사이 여호와께서 오벧에돔과 그의 온 집안에 복을 내려 주셨습니다. 그 소문이 다윗에게 전해지자 다윗은 하나님께서 진노를 거두시고 은혜를 베푸시기 시작한 징표로 생각하고 다시 법궤를 모시러 갔습니다. 이번에는 하나님의 명령대로 수레가 아닌 제사장들의 어깨에 법궤를 메었습니다. 법궤를 멘 제사장들이 조심스럽게 한 걸음 옮겼으나 아무 일이 없었습니다. 두 걸음, 세 걸음, 네 걸음, 다섯 걸음, 그리고 여섯 걸음이나 옮겼지만 아무런 사고가 없자 하나님께서 법궤를 옮기도록 허락하신 줄 알게 되었습니다. 다윗은 그 자리에서 살찐 소를 잡아 감사제물로 바쳤습니다. 법궤를 운반하는 행렬이 다시 계속되자, 다윗은 감격을 이기지 못하여 옷이 벗겨질 만큼 크게 춤을 추면서 여호와의 법궤를 따라갔습니다. 다윗이 법궤를 모시고 성소 입구에 들어갈 때 앞선 사람들이 성소의 문을 열었습니다. 당시 성소의 문은 비록 천막 문이었지만 다윗은 그 문 속에서 영원하신 하나님 나라의 문과 세상의 모든 문들이 함께 열리는 것을 보았습니다. 그런 감격과 기쁨으로 지은 찬송이 시편 24편입니다.

"문들아 너희 머리를 들지어다. 영원한 문들아, 들릴지어다. 영광의 왕이 들어가시리로다." (시 24 : 9)

세상에는 물질의 문, 건강의 문, 태의 문, 학업의 문 등 많은 문들이 있습니다. 하나님과 동행하는 사람들에게는 이런 문들이 열리게 됩니다. 운동경기를 볼 때마다 느끼는 사실이지만 경기장에는 예상 밖의 이변이 참 많습니다. 예상 밖이라는 말은 사람들의 기대와는 다르게 경기 결과가 나온다는 뜻입니다. 여자 피겨 스케이팅의 경우 대부분의 선수들이 가장 어려워하는 부분이 스핀 후의 착지입니다. 고난도의 공중 회전을 돌다가 지면에 발이 닿는 순간 중심을 잘 잡아야 하는데 평소에 잘하던 선수 중에서도 경기하는 날 중심을 잃고 넘어지기도 하고 반면 평소에 실력이 좀 모자라는 선수가 완벽하게 착지를 하게 되어 높은 점수를 받기도 합니다. 모든 선수들이 엄청난 훈련을 하고 왔겠지만 막상 경기를 할 때 하나님께서 경기의 문들을 여시기도 하고 닫으시기도 하십니다.

도슨 트로트맨이라는 불신자 청년이 있었습니다. 예쁜 크리스천 소녀를 사귀게 되어 그 소녀를 따라 교회에 나갔는데 마침 다음 주일 성경암송대회가 있었습니다. 그는 여자 친구에게 잘 보이고 싶어서 성경 구절 10개를 완벽하게 암송한 후 참석하여 상을 받았습니다. 그 후 나름대로 신앙생활을 열심히 하던 어느 날 길을 가다가 갑자기 암송했던 성경말씀들이 마음속에 떠올랐습니다.

"모든 사람이 죄를 범하였으매 하나님의 영광에 이르지 못하더니." (롬 3 : 23)

도슨은 자신의 죄가 생각나면서 하나님의 나라에 갈 수 없는 죄인이라는 사실이 두려워졌습니다. 그런데 또 다른 소리가 울렸습니다.

"죄의 삯은 사망이요, 하나님의 은사는 그리스도 예수 우리 주 안에 있는 영생이니라." (롬 6 : 23)

자신의 죄값은 죽음이라는 생각이 두려웠지만 예수님 안에 영생이 있다는 말씀이 무슨 뜻인지 궁금하였습니다. 가던 길을 멈추어 섰을 때 세 번째 소리가 들렸습니다.

"우리가 아직 죄인 되었을 때에 그리스도께서 우리를 위하여 죽으심으로 하나님께서 우리에 대한 자기의 사랑을 확증하셨느니라." (롬 5 : 8)

자신의 죄를 용서하기 위해 돌아가신 예수님이 바로 하나님이 자기를 사랑하시는 확실한 증거라는 말씀 앞에 무릎을 꿇었습니다. 그리고 마지막으로 자신이 암송했던 또 하나의 말씀이 들렸습니다.

"볼지어다. 내가 문 밖에 서서 두드리노니, 누구든지 내 음성을 듣고

문을 열면 내가 그에게로 들어가 그와 더불어 먹고 그는 나와 더불어 먹으리라." (계 3 : 20)

도슨은 주님 앞에 무릎을 꿇고 자신의 마음 문을 열었습니다. 주님께 그 일생을 사용해 달라고 헌신했습니다. 그 후 도슨이 샌디에이고에서 해군 수병들에게 성경공부를 가르치기 시작하면서 그 유명한 네비게이토 선교회가 탄생하였습니다. 한 사람이 마음 문을 열었을 때 하나님께서는 큰 사역의 문을 여시면서, 수백만 명의 젊은이들의 마음 문이 열리게 하셨습니다. 예수님 앞에 마음 문을 열면 모든 문들이 열립니다.

"문들아, 너희 머리를 들지어다. 영원한 문들아, 들릴지어다. 영광의 왕이 들어가시리로다. 영광의 왕이 누구시냐? 만군의 여호와께서 곧 영광의 왕이시로다."

시편 24편의 말씀입니다. (9, 10절)

하나님의 나팔 소리

2011. 11. 27.

성경은 여러 곳에서 성도의 죽음을 잠자는 것으로 비유하고 있습니다. 육신은 썩어지지만 영혼은 썩지 않고 잠깐 쉬고 있다는 뜻입니다. 예수님께서 마리아와 마르다의 형제 나사로가 죽었을 때 “우리 친구 나사로가 잠들었도다. 그러나 내가 깨우러 가노라.”(요 11 : 11) 고 말씀하셨습니다. 제자들은 시간이 지나면 잠든 사람은 저절로 깨어날 텐데 왜 깨우러 가느냐고 물었습니다. 그러자 예수님은 다시 분명하게 밝히시며 말씀하십니다. “나사로가 죽었느니라.” 성도의 죽음은 잠을 자듯 잠깐 쉬다가 예수님께서 재림하실 때 다시 일어날 것을 설명하시는 말씀이었습니다.

예수님께서 언젠가 성도들을 데리러 이 땅에 재림하여 오실 것입니다. 그 때 예수를 믿는 성도들은 예수님이 오시는 것이 너무 기뻐서 모두 마중을 나가게 됩니다. 성경은 이런 마중을 휴거라고 부르는데 주님을 마중하기 위하여 우리의 몸은 잠깐 공중으로 떠오르게 됩니다. 그리고 예수님과 함께 천년왕국과 대심판을 지낸 후 영원한 천국에서 살게 될 것입니다.

찬송가를 많이 작곡한 제임스 블랙(James M. Black)이 젊은 시절 한 소녀에게 전도하였습니다. 그 소녀의 아버지는 술주정뱅 였고, 어머니는 삯바느질을 하던 가난한 집안의 소녀였습니다. 전도를 받은 소녀는 교회에 나오고 싶어 하면서도 무엇인가 곤란해 하는 표정이었습니다. 너무 가난하여 교회에 입고 올 옷이 없어서인 것 같았습니다. 제임스는 다음 날 새 옷을 사 들고 소녀를 다시 찾아가 다음 주일 교회 올 때 이 옷을 입고 오면 자기의 마음이 훨씬 기쁠 것 같다며 선물하였습니다. 그러자 소녀는 흔쾌히 교회에 나오겠다고 대답하였습니다. 그 후로 소녀는 착실하게 신앙생활을 하였습니다. 제임스 블랙이 청년회장이 되어 헌신예배를 인도할 때였습니다. 그 당시 헌신예배를 드릴 때 서기가 회원의 이름을 호명하면 "예." 하고 대답하기 보다는 일어나서 성경구절 한 절을 암송하곤 하였습니다. 그런데 그 소녀의 차례가 되어 이름을 불렀는데 대답이 없었습니다. 소녀는 그 날 무척이나 아파서 교회에 나오지 못하였습니다. 순간 제임스의 머릿속에 스쳐가는 생각이 있었습니다. 천국의 생명책에는 구원받은 사람들의 이름들이 적혀 있다는데 그 생명책 속에 적힌 자기의 이름을 주님께서 불러 주실 때 크게 대답하며 천국 문에 함께 들어가는 영광된 모습이었습니다. 제임스 블랙은 그 날 예배가 끝나고 집으로 돌아와 피아노에 앉아 곧 바로 찬송가 한 곡을 써 내려 갔습니다.

"하나님의 나팔소리 천지진동 할 때에 예수 영광 중에 구름 타시고
천사들을 세계만국 모든 곳에 보내어 구원 받은 성도들을 모으리.

나팔 불 때 나의 이름 나팔 불 때 나의 이름,
나팔 불 때 나의 이름 부를 때에 잔치 참여하겠네."

찬송가 180장은 그렇게 만들어졌습니다.

사랑하는 여러분, 비록 이 땅의 삶이 힘들어도 예수님을 믿는 성도들은 반드시 천국으로 들어갈 것입니다. 주님이 다시 오실 날 울려 퍼질 나팔 소리와 함께 천국 잔치에 들어갈 날을 기다리면서, 충성된 하나님의 자녀로서 승리하시기 바랍니다.

"주께서 호령과 천사장의 소리와 하나님의 나팔 소리로 친히 하늘로부터 강림하시리니 그리스도 안에서 죽은 자들이 먼저 일어나고, 그 후에 우리 살아남은 자들도 그들과 함께 구름 속으로 끌어 올려 공중에서 주를 영접하게 하시리니 그리하여 우리가 항상 주와 함께 있으리라."
데살로니가전서 4장의 말씀입니다. (16, 17절)

지키시는 하나님

2011. 12. 4.

세계적으로 자살폭탄 사건은 잊을만하면 한 번 씩 터지곤 합니다. 많은 테러 사건 중에 가장 기억에 남는 사건은 20여 명의 테러리스트에 의해 2,843명의 엘리트들이 죽고, 거대한 무역 센터 두 채가 무너져 내린 9·11. 사건일 것입니다. 어떻게 이렇게 소수의 사람들로 엄청난 수의 사람들을 살상할 수 있었을까요? 이런 일은 죽기를 각오한 사람들이 있었기에 가능했습니다. 이런 끔찍한 일이 바울에게도 있었습니다. 바울 한 사람을 죽이기 전에는 먹지고 않고 마시지도 않겠다는 사람들 40명이 조직된 적이 있었습니다. 먹지 않아도 40일 이상을 견딜 수 있지만 마시지 않으면 한 주를 지탱하기 어렵습니다. 생명을 걸고 상대방을 죽이겠다고 하면 못할 일이 없습니다. 스무 명의 결사대가 2,843명도 죽이는데 40명의 결사대가 한 사람을 죽이지 못하겠습니까? 바울은 그야말로 죽음 앞에 서 있었습니다. 더구나 이들 40명의 자객들은 당시

종교 지도자인 대제사장과 장로들과 결탁되어 이 일을 추진하고 있었습니다. 역사가 요세푸스의 기록에 의하면 당시 대제사장 아나니아는 사람 암살하기를 주저하지 않는 인물이었다고 쓰고 있는 것으로 미루어보아 이 계획은 거의 이루어질 사건이었습니다. 그러나 이 극비 사항이 바울의 친척에게 누설되었고, 이 사실이 백부장에게, 그리고 천부장에게 보고되어 밤 9시에 군사 470명이 동원된 가운데 비밀호송 작전이 진행되어 바울은 위기를 모면할 수 있었습니다.

하나님께서는 사랑하시는 백성을 어떤 방법으로든지 보호해 주십니다. 죽기로 각오한 사람 40명이 아니라 40만 명이 있다고 하여도 하나님의 손길 앞에선 힘을 쓰지 못합니다. 하나님의 사랑하는 성도가 어떤 위험에 처해 있든지 하나님께서는 얼마든지 보호해 주실 수 있는 분이십니다.

저희 교회에서는 수년 동안 사우스 다코타에 있는 인디언 마을에 단기선교를 다녀오곤 했습니다. 이들 원주민들은 수백 년 동안 백인들에게 억압당하고 빼앗기고 죽임을 당하면서 마음이 돌같이 굳게 닫혀져 있었습니다. 그 곳에 갔던 첫 해에 가가호호 다니면서 전도를 한 후에 저녁에 식사하러 오라고 초청을 하였습니다. 이들은 착해서 거절하는 법이 없습니다. 그래서 많은 인디언들이 밤에 꼭 오겠다고 약속을 하였습니다. 많은 음식을 준비하면서도 혹 모자라면 어쩌나 하는 조바심으로 기다렸습니다. 그러나 그날 밤 단 두 명만이 찾아와서 함께 식사를 하고 예배를 드렸습니다. 그런 경험이 있어서인지 그 다음 해에는 전도하러 다니며 초청한 후 스무 명 정도의 손님을 기대하면서 음식을 준비하였습니다. 약속 시간이 되자 원주민들이 들어오기 시작하는데 약 60여명이 계속 밀려 왔습니다. 음식을 계속 대접하다보니 우리 단원들은 제대로 식사를 하지 못하였지만 행복했습니다. 식사를 마친 후 기독교를 싫어하던 이 사람들과 함께 찬양도 하고 치유 집회를 가졌습니다. 모두가 뜨겁게 찬양하고 기도하였습니다. 감격과 평안이 넘쳤습니다. 이 때 한 인디언 교인이 제 뒤에 완전무장한 두 천사가 서 있는 것을 보았다고 하는 이야기를 하였습니다. 그 이야기를 들으면서 제 머리에 한 생각이 스쳤는데, "우리가 믿음이 더 있거나 말을 잘해서가 아니라 하나님께서 사자들을 보내 주셔서 돌 같은 인디언들의 마음을 여시고, 교회로 발걸음을 향하게 하셨구나." 하는 사실을 깨닫게 되었습니다.

사랑하는 여러분, 이민 길을 개척해 가면서 힘든 일이 한 두 가지가 아닐 것입니다. 그러나 절망하지 마십시오. 경제적으로 모두가 힘들고, 악한 마귀들이 우리 이민생활을 공격한다 하더라도, 하나님의 손만 닿으면 그의 천사들을 통하여 우리를 안전하게 보호해 주십니다. 사십 명의 자살 테러단 앞에서 바울을 보호하신 하나님께서는 믿음을 가지신 여러분도 하나님의 완전하신 뜻 안에 지켜 주실 것입니다.

"여호와께서 너를 지켜 모든 환난을 면하게 하시며 또 네 영혼을 지키시리로다. 여호와께서 너의 출입을 지금부터 영원까지 지키시리로다." 시편 121편의 말씀입니다. (7, 8절)

책임보증 기간

2011. 11. 6.

제가 타고 있는 자동차의 워런티(warranty) 곧 책임보증 기간이 3년 또는 36,000마일까지입니다. 제 자동차의 보증이 끝나가려 할 때 자동차 두어 곳에 고장이 났습니다. 그래서 부지런히 자동차 딜러로 달려갔습니다. 딜러에 도착하여 계기판을 보니 35,997마일이었습니다. 워런티가 끝나는 거리에서 3마일 남았습니다. 비록 3마일이 남긴 하였지만 분명히 수리가 보증되는 상태였기에 비용에 대한 걱정이 조금도 되지 않았습니다. 아직 3마일이 남았다는 것은 새 차와 똑같은 권리를 가지고 있다는 뜻입니다. 그러나 3마일이 넘게 되면 무료로 수리가 되지 않습니다. 그 날 자동차 딜러에서는 무료로 렌터카도 빌려 주어서 수리가 끝날 때까지 한 주간을 넘게 타고 다녔습니다.

하나님께서 승리를 보증해 주신다면 당장은 고장난 인생 같다고 할지라도 우리 마음에는 평강이 있게 됩니다. 다윗이 그런 마음이었습니다. 다윗의 잘 생긴 아들 압살롬이 쿠데타를 일으키자 다윗은 맨발로 겨우 도망하였습니다. 이미 백성들의 마음은 압살롬에게 다 넘어가 있었고, 더구나 다윗의 친구로서 다윗의 전략을 손바닥 보듯 빤히 읽고 있는 지략가 아히도벨마저 압살롬의 편이 되어 있었습니다. 그러나 다윗은 하나님께서 보호하여 주신다는 보증을 받았기에 그는 평강 가운데 이렇게 노래합니다.

"그러나 주께 피하는 모든 사람은 다 기뻐하며 주의 보호로 말미암아 영원히 기뻐 외치고 주의 이름을 사랑하는 자들은 주를 즐거워하리이다. 여호와여 주는 의인에게 복을 주시고 방패로 함 같이 은혜로 그를 호위하시리이다." (시 5 : 11, 12)

다윗이 담대할 수 있었던 이유는 보호의 보증을 주시는 하나님 때문이었습니다.

에드 답슨(Ed Dobson) 목사님은 아일랜드 출신으로 14살에 미국으로 이민 와서 버지니아에 있는 리버티 대학교를 졸업하고 그 학교에서 부총장을 지냈던 분입니다. 1987년에 미시간 주 그랜드 래피즈의 갈보리 교회에 담임으로 부임하여 18년 동안 담임목사로 섬기면서 많은 영향력을 주었던 목사님입니다. 10년 전 어느 날 자기도 모르게 연필이 손가락에서 떨어졌는데 주우려 해도 연필이 잡히질 않았습니다. 검사 결과 류게릭병 곧 근육무기력 병으로 판명되었습니다. 이 병은 손끝 발끝부터 근육이 말라 들어가는 병입니다. 손가락이 마비되다가 손을 못 쓰게 되고, 좀 지나면 팔이 말라 버립니다. 나중에는 허파가 마비되어 숨을 쉴 수 없어 죽게 됩니다. 의사는 길어야 2년 2개월 정도 살 수 있다고 진단하였습니다. 남은 기간 어떻게 하면 하나님께 영광을 돌릴 수 있을까 하며 기도하던 답슨 목사님은 먼저 생각나는 죄를 회개하기 시작하였습니다. 과거에 이 정도 죄쯤이야 하던 모든 죄까지 세세하게 하나님 앞에

다 아뢰었습니다. 그리고 사역 중에 잘못된 관계를 맺었던 사람들에게 일일이 전화하여 사과하였습니다. 그는 매일 기도하고 찬양하면서 하나님을 만나는 시간을 보내고 있습니다. 답슨 목사님은 이렇게 기도합니다.

"하나님, 오른팔만이라도 사용하게 해 주세요. 그러면 글을 써서 복음을 전하겠습니다. 저를 낫게 해 주실 수 있는 능력의 하나님이심을 믿습니다. 그러나 그리 아니하실지라도 숨이 끝나는 순간까지 주님께 감사하며 복음을 전하게 해 주소서."

그는 지금도 투병 중에 있으면서 재작년에는 예루살렘에서 거주하며 예수님처럼 사는 체험도 하였습니다. 하나님께서 그 생명을 취하신다 할지라도 주님 앞에 갈 준비가 되어 있기에 이미 하나님의 은혜의 방패로 보호받고 있는 삶을 살고 있습니다. 병이 낫는 것도 귀하지만 죽음을 받아들이면서 감사할 수 있는 마음이 더욱 큰 은혜입니다. 은혜의 방패로 보호 받고 있는 삶입니다.

책임보증 기간 중(under warranty)에는 우리가 사용하고 있는 자동차에 어떤 고장이 나더라도 우리는 보증서가 있기에 평안할 수 있습니다. 불경기가 오래 계속되고 있고, 모든 물가가 치솟고 있는 지금, 여러분은 어떤 모습의 어려움에 처해 있으십니까? 어떤 두려움과 염려가 다가오든지 하나님과 바른 관계 가운데 하나님의 보증 아래 살면서 평강을 누리시기 바랍니다. 하나님께서 은혜의 방패로 지켜 주시면 우리는 어떤 공격도 막아 낼 수 있습니다.

"이 하나님은 영원히 우리 하나님이시니 그가 우리를 죽을 때까지 인도하시리로다."

시편 48편의 말씀입니다. (14절)

쉬지 않고 일하시는 하나님

2011. 6. 5.

예수님 시절에 이스라엘에서는 포도 농사를 많이 지었습니다. 가을에 포도 수확기가 되면 다 익은 포도를 빨리 거두어야 합니다. 곧 장마철이 다가 오기 때문에 빠른 수확을 위해 많은 일손을 필요로 합니다. 그래서 이스라엘 사람들은 포도 수확기에는 일자리도 많고, 또한 최선을 다하여 사람들을 동원해야 한다는 사실에 익숙해져 있었습니다. 이런 사람들을 향해 예수님께서 이런 이야기를 해 주셨습니다.

어떤 포도원 주인이 이른 새벽에 인력시장으로 나가서 일군들을 찾아다가 포도원에 데리고 가서 일을 시켰습니다. 그리고 오전 9시에 또 포도원에서 일할 사람을 찾아 나섰습니다. 낮 12에도, 오후 3시에도 시장에서 사람들을 데려다 포도원에 데려다 주었습니다. 그런데 이상한 것은 일할 시간이 한 시간 밖에 남지 않은 오후 5시에도 인력시장에 나갔습니다. 사실 이것은 상식적으로는 이해가 되지 않습니다. 아무리 바쁜 수확기라

할지라도 일당을 주고 일을 시키려면 손해나지 않을 정도의 일을 하여야 하는데 오가는 시간 다 빼면 별로 도움이 되지 않을 일군까지 불러서 하루 일당을 주고 일을 시켰습니다. 그리고 그들에게 준 일당은 모든 사람과 동일하게 한 데나리온씩 주었습니다. 이 이야기 속의 포도원 주인은 하나님이시고, 청지기는 예수님이고, 일군들은 우리 성도를 말합니다. 사람들의 일정량의 선행으로 천국 가는 것이 아니고, 예수님이 우리를 위해 돌아가신 십자가의 은혜로서 구원받는다는 진리를 비유로 소개한 말씀입니다. 하나님은 어려서부터 예수 믿고 구원받은 사람을 부르시기도 합니다. 때로는 중년의 사람을 부르시기도 하고, 심지어는 오후 5시에도 끊임없이 인력시장에 나가시듯 숨을 거두기 직전의 노인을 구원하시기도 하십니다. 예수님의 옆자리에서 사형당한 한 강도는 의로운 행위를 할 기회가 전혀 없었지만 예수님을 믿음으로 구원을 받았습니다.

경건한 어머니 아래서 신앙 교육을 받던 한 청년은 그 생활이 싫어졌습니다. 친구들과 어울려 세상 쾌락을 적당히 즐기면서 인생을 재미있게 살고 싶었습니다. 아들이 여러 가지 핑계를 대면서 떠나겠다고 하자 어머니는 마지막으로 아들의 손을 붙잡고 말씀합니다.

"얘야, 네게 평안하고 좋은 일만 있기를 바라지만 깊은 고난의 골짜기를 지내야 할 때도 올 것이다. 어디로 가야 할지 몰라 두려움이 생길 때면 하나님의 이름을 불러 보아라. 반드시 하나님께서 대답해 주실 것이다."

청년은 친구들과 젊음을 불태우며 신나게 세상 속으로 빠져들어 갔습니다. 그러나 쾌락에 빠지면 빠질수록 더욱 큰 좌절과 허무만이 다가왔습니다. 결코 그것이 아니라고 고개를 저었지만 깊은 어두움의 골짜기 속에서 두려움을 느끼고 있는 자신을 발견합니다. 청년은 결국 여관방에서 자살하려고 마음을 먹었습니다. 마지막으로 어머니가 주신 성경책을 몇 장 넘기고 있을 때 어머니의 마지막 말씀이 생각났습니다. 깊은 두려움의 골짜기를 지날 때 하나님의 이름을 부르면 응답하실 것이라는 말씀을 따라 이 청년은 "하나님!" 하고 불러 보았습니다. 그러자 하늘로부터 내려오는 한 가닥 빛 속에 말할 수 없는 평화가 마음속에 들어오기 시작하였습니다. 물이 바다를 덮음같이 가슴을 가득 채우는 하나님의 사랑과 용서를 체험하면서 이 청년은 고향으로 돌아와 놀라운 신앙인이 되었습니다. 그가 바로 미국의 대 전도자요 성경학자인 토리(R. A. Torrey) 박사입니다.

사랑하는 여러분, 아직도 하나님을 개인적으로 만나지 못하신 분은 없으십니까? 포도원 주인을 만나 반드시 포도원에 들어가야 합니다. 아직 예수님을 개인적으로 만나지 못하셨다면 조용히 하나님의 이름을 부르시며 기도하시기 바랍니다. 세상 사는 동안 반드시 해결해야 할 문제는 우리의 영생의 문제입니다. 일찍 부름 받았다면 젊어서부터 겸손하게 헌신하며 살아가시기 바랍니다. 혹 세상에 오랫동안 빠져 살았다고 하더라도 포기하지 말고 바로 지금 이 시간 교회를 찾아 신앙생활을 시작하시기 바랍니다. 포도원 주인이 마지막까지 일꾼을 찾았듯이 하나님께서는 지금도 사람들을 부르시고 계십니다. 전능하신 하나님 앞에 용서받지 못할 죄인은 없습니다. 세상 모든 민족이 구원을 얻기까지 하나님은 쉬지 않고 찾으시며 일하고 계십니다. 그리고 주님이 오시는 날 신자이건 불신자들이건 모든 사람이 하나님 한 분만이 우리를 심판하시고 구원하실 분인 것을 인정할 날이 올 것입니다.

"이는 물이 바다를 덮음 같이 여호와의 영광을 인정하는 것이 세상에 가득함이니라."

하박국 2장의 말씀입니다. (14절)

제 5 장

하나님의 영원하신 팔

2012. 1. 1.

모세가 이스라엘 백성들을 이끌고 애굽에서 탈출하여 나온 후 광야에서 40년 동안 방황하였습니다. 이들이 가나안 땅에 들어가기 직전에 모세가 죽음을 앞두고 젊은 이스라엘 백성들에게 3편의 설교를 한 것이 신명기입니다. 그 중에 33장은 세 번째 설교의 마지막 부분으로서 이스라엘 백성들을 향한 축복의 기도를 담고 있습니다. 이들 백성들이 긴 방황을 끝내고 가나안 땅에 입성하기 직전에 베풀어 준 축복이기에 새해를 맞이하는 우리에게도 의미 있는 축복이 될 것입니다. 지난 40년 동안 부모가 아이를 안듯 이스라엘 백성들을 영원하신 팔로 안고 보호하셨던 하나님께서 앞으로 새로운 시대에도 그 팔로 안아 주실 것을 축복하고 있습니다.

"영원하신 하나님이 네 처소가 되시니 그의 영원하신 팔이 네 아래에 있도다." (신 33 : 27)

우리의 주인되신 예수님은 하늘에서 내려오셔서 영원하신 팔로 성도들을 보호하시는데 마치 아기를 안듯이 왼팔을 그 아래에서 안으시고 오른팔로 아이를 보호하십니다. 이런 약속은 성경에서 수도 없이 반복되고 있습니다. 이방 여인이었던 룻이 남편을 잃은 후에 시어머니를 떠나지 않고 도리어 시어머니를 모시기 위해 이스라엘 땅까지 따라 들어와 고생을 자처하는 효성을 보이자 보아스는 룻을 칭찬하면서 이렇게 축복해 줍니다.

"여호와께서 네가 행한 일에 보답하시기를 원하며 이스라엘의 하나님 여호와께서 그의 날개 아래에 보호를 받으러 온 네게 온전한 상주시기를 원하노라." (룻 2 : 12)

히스기야 왕이 병들어 죽게 되었을 때 그는 벽을 향하여 하나님께 통곡하며 기도드렸습니다. 그러자 하나님께서 사흘 만에 히스기야 왕이 병에서 나을 뿐 아니라 강대국의 공격 앞에 두려워 떨고 있는 예루살렘 성마저 보호해 주실 것을 약속하시면서 이렇게 축복하십니다.

"내가 네 날에 십오 년을 더할 것이며 내가 너와 이 성을 앗수르 왕의 손에서 구원하고 내가 나를 위하고 또 내 종 다윗을 위하므로 이 성을 보호하리라." (왕하 20 : 6)

이런 보호의 약속은 성경에서 얼마든지 찾을 수 있습니다. 앤터니 쇼왈터(Anthony Johnson Showalter) 목사님이 알라바마 주에 있는 하트 셸스(Heart Shells)에서 집회를 인도하고 있을 때였습니다. 그곳에 오기 직전에 사우스 캐롤라이나에서 다른 집회를 인도하였었는데 그곳의 두 젊은이들로부터 편지를 받았습니다. 놀랍게도 그 두 편지의 발신 날짜가 똑 같았고, 내용도 비슷하였습니다. 두 사람 모두 얼마 전에 부인을 잃고서 장례식을 한 후 큰 슬픔 가운데 편지를 보내 왔습니다. 쇼왈터 목사님이 눈을 감고 묵상하며 그들을 위해 기도하고 있을 때 모세의 마지막 축복이 떠올랐습니다. 새로운 땅을 앞에 두고 두려움과 소망이 희비되는 백성들에게 주신 하나님의 약속은 곧 이런 불안 가운데 있는 성도들에게 주시는 하나님의 약속으로 생각되었습니다. 특히 이 축복 가운데 '영원하신 팔' 이라는 단어가 계속 가슴에 와 닿았습니다. 이들 젊은이들을 짓누르는 악한 마귀 대적을 쫓으시는 영원하신 하나님의 팔을 생각하면서 찬송시를 하나 써 내려갔습니다.

"주의 팔에, 그 크신 팔에 안기세.
주의 팔에, 영원하신 팔에 안기세." (찬송가 405장)

비록 찬송의 후렴 부분만 완성하였지만 친구 호프만 목사님의 도움으로 3절 가사로 된 찬송가를 완성시켰습니다. '영원하신 팔' (The Everlasting Arms)은 지금도 슬픔을 당하여 절망하는 많은 성도들에게 새로운 소망과 힘을 주는 찬송이 되었습니다.

사랑하는 성도 여러분, 새해가 밝았습니다. 지독한 불경기 중에서도 우리와 자녀와 건강과 나라와 믿음의 동역자들을 지켜 주신 하나님께서 새로운 한 해에도 영원하신 팔로써 보호해 주실 것입니다.

"영원하신 하나님이 네 처소가 되시니 그의 영원하신 팔이 네 아래에 있도다. 그가 네 앞에서 대적을 쫓으시며 멸하라 하시도다."
신명기 33편의 말씀입니다. (27절)

안개 같은 인생

2012. 4. 22.

스타인백이 쓴 「진주」라는 소설이 있습니다. 키노와 쥬안나는 진주조개 잡이를 하는 어촌 마을에서 살았습니다. 이들은 가난하지만 부지런하게 살던 부부였습니다. 어느 날 외아들이 전갈에 물렸습니다. 병원에 데리고 갔지만 돈이 없어서 치료를 거부당하였습니다. 아이를 안고 힘없이 집으로 돌아와 민간요법으로 응급처치만 하였습니다. 아버지 키노는 돈이 없어 치료를 받지 못하는 아들 때문에 가슴이 아팠습니다. 다음날 키노는 치료비를 마련하기 위해 꼭 진주조개를 잡아야겠다고 다짐하였습니다. 그의 소원이 이루어졌는지 그의 평생에 한 번도 보지 못한 큰 진주를 따게 되었습니다. 갈매기 알만한 진주였습니다. 그 소문이 삽시간에 온 동네에 퍼졌고, 의사들은 서로 키노의 아들을 맡겠다고 제의해 왔습니다. 또한 이 소문은 나쁜 사람들에게도 퍼져서 악당들이 모여들었습니다. 진주를 팔러 큰 도시로 나가기 전날 밤 괴한이 키노의 집에 침입하였습니다. 격투 끝에 괴한을 살해하고 밤에 가족을 데리고 급히 마을을 떠나려 하였습니다. 그러나 이미 다른 괴한들이 배를 망가뜨려 두어서 산으로 도망가게 됩니다. 괴한들의 추적이 계속되고, 결국 그들과 싸우던 중에 아들이 총에 맞아 죽었습니다. "아들을 살리려고 캐낸 진주가 아들을 죽이다니." 하며 키노는 오열하면서 울부짖습니다. 집으로 돌아왔더니 집은 이미 불타버렸습니다. 키노는 바닷가로 나와서 손바닥에 가득 차는 큰 진주를 캄캄한 바다를 향해 힘껏 내던집니다.

인생은 큰 진주 하나만 얻으면 모든 행복을 다 소유할 것 같아 보이지만, 잠깐 보이다가 없어지는 안개 같은 허무한 존재입니다. 솔로몬 왕은 안개 같은 인생을 "헛되고 헛되며 헛되고 헛되니 모든 것이 헛되도다." (전도서 1 : 2) 라고 표현하였습니다. 또한 모세는 안개 같은 인생을 이렇게 말합니다. "주께서 그들을 홍수처럼 쓸어가시나이다. 그들은 잠깐 자는 것 같으며 아침에 돋는 풀 같으니이다. 우리의 연수가 칠십이요 강건하면 팔십이라도 그 연수의 자랑은 수고와 슬픔뿐이요 신속히 가니 우리가 날아가나이다." (시편 90 : 5, 10)

신약성경 누가복음에 보면 어떤 사람이 예수님을 찾아옵니다. 아버지가 돌아가셨는데 형이 유산을 다 차지하고서는 자기 몫을 나누어 주지 않는다고 불평합니다. 그 때 예수님께서 이런 비유를 말씀하십니다. "어떤 부자가 살고 있었는데 그 해에 엄청난 풍년이 들었다. 예상 밖으로 곡식을 많이 추수하게 되자 자기 집 곡식창고가 턱없이 작았다. 부자는 현재의 곳간을 헐고 더 크게 지어서 자기의 모든 곡식과 물건을 거기 쌓아 두고 스스로에게 말했다. '내 영혼아 여러 해 쓸 물건을 많이 쌓아 두었으니 평안히 쉬고 먹고 마시고 즐거워하자.' 이 때 하나님께서 말씀하셨다. '어리석은 자여 오늘 밤에 네 영혼을 도로 찾으리니 그러면

네 준비한 것이 누구의 것이 되겠느냐?'" (눅 12 : 20) 이 부자는 더 생각했어야 했습니다. 창고에 쌓을 수 없을 만큼 많이 주셨다면 가난한 이웃을 위해 곡식을 나누어 주라는 하나님의 음성을 들었어야 했습니다. 안개 같은 인생이기에 바람이 불기 시작하면 모든 것이 순식간에 사라집니다.

우리는 여유 있을 때 잘 해야 합니다. 항상 돈을 잘 벌 수 있는 것이 아닙니다. 항상 건강하지 않습니다. 언제 바람이 불지 모릅니다. 있을 때 이웃에게 잘 베풀고 하나님의 일에 헌신해야 합니다. 모든 주권은 하나님께 속하여 있습니다. 시간은 우리의 소유가 아닙니다. 그러기에 앞으로 일 년 동안 장사를 하면 얼마의 돈을 벌 수 있겠다고 하는 사람을 성경은 악하다고 말합니다. 내일이나 일 년은 우리의 소유가 아니기 때문입니다. 안개 같은 인생에게 내일은 보장되어 있지 않습니다. 생사화복의 모든 주권은 하나님의 영역에 속해 있습니다. 그러기에 믿는 사람들은 하나님의 은혜로 성공했다고 말합니다. 하나님의 은혜로 건강하다고 인정합니다. 성도는 하나님의 은혜로 아이들이 잘 컸다고 감사합니다. 때로 우리가 어렵게 되었다고 해도 하나님이 나를 사랑하신다고 찬양할 수 있는 이유는 그 순간에도 우리는 하나님의 주권 가운데 있기 때문입니다.

> "내일 일을 너희가 알지 못하는도다. 너희 생명이 무엇이냐? 너희는 잠깐 보이다가 없어지는 안개니라."
> 야고보서 4장의 말씀입니다. (14절)

찬송은 새벽을 깨웁니다

2012. 3. 25.

영국에 브로디라는 퇴직교사가 있었습니다. 어느 날 집안을 정리하다가 노트 한 묶음을 발견하였습니다. 50년 전에 자기가 맡았던 반 아이들이 쓴 작문이었는데 미래에 자기가 되고 싶은 꿈을 적어낸 글들이었습니다. 꿈은 다양하였습니다. 영국의 수상. 장관. 사업가. 과학자. 교사. 조종사. 예술가 등 여러가지 꿈 이야기들을 재미있게 읽으면서 노인이 된 선생님은 이들의 꿈이 얼마나 이루어졌는지 궁금해 졌습니다. 그래서 브로디는 신문광고를 내었는데 당시 학생들의 명단과 그들이 써 내었던 꿈을 소개하면서 그 꿈이 이루어진 사람은 자기에게 답장을 써 달라고 하였습니다. 얼마 후 브로디는 잊을 수 없는 답장 한 통을 받았습니다. 편지를 보내온 사람은 당시 시각 장애인이었던 데이빗이라는 학생이었습니다. 그는 이렇게 쓰고 있습니다.

“저는 50년 전에 시각 장애인으로서 처음으로 내각에 진출하는 꿈을 꾸면서 장관이 되는 꿈을 적어 내었습니다. 저의 꿈을 믿어 주는 사람은 한 사람도 없었지만, 저는 그 꿈을 한 번도 의심하지 않고 믿었습니다. 난관과 어려움에도 흔들리지 않고 계속 달려올 수 있었던 힘은 바로 하나님을 믿는 믿음이었습니다."

그리고 그 아래에는 '영국 교육부 장관 데이빗'이라고 서명이 되어 있었습니다. 데이빗은 시각 장애인으로 빛을 볼 수 없는 사람입니다. 세상의 편견은 그를 더욱 캄캄하게 만들었을 것입니다. 그러나 데이빗(David)은 그의 눈이 아닌 그의 믿음으로 캄캄한 밤을 깨워 새벽을 만들었고, 찬란한 아침을 맞이할 수 있었습니다.

구약의 역대하에는 이런 이야기가 나옵니다. 모압과 암몬과 에돔의 세 나라가 연합군을 조직하여 유다의 여호사밧 왕을 치러 올라왔습니다. 그러자 여호사밧 왕은 도무지 상대할 수 없는 엄청난 대군을 바라보면서 두려움 가운데 떨었습니다. 그의 심령은 캄캄한 밤에 빠져 있었습니다. 그 어두움을 물리칠 힘이 없었던 여호사밧 왕은 모든 백성들에게 모이도록 명령하였습니다. 백성들은 남녀노소를 가리지 않고 모두 모였습니다. 그리고 함께 하나님께 기도하며 부르짖었습니다. 심지어 어린 자녀와 아기들까지 모두 모여 함께 금식하며 기도하였습니다. 그러자 하나님께서 선지자 야하시엘을 통하여 말씀하셨습니다.

"너희는 이 큰 무리로 말미암아 두려워하거나 놀라지 말라. 이 전쟁은 너희에게 속한 것이 아니요, 하나님께 속한 것이니라." (역대하 20 : 15)

그러면서 내일 적군을 향하여 나가기만 하면 승리를 거두게 해 주시겠다고 약속하셨습니다. 여호사밧 왕은 하나님의 약속을 믿으면서 군대 대신 찬양대를 앞 세웠습니다. 이들은 군복 대신 찬양대 가운을 입었습니다. 하나님께 감사드리는 찬양을 부르면서 적을 향하여 나아갔습니다. 찬송이 시작될 때 갑자기 이상한 현상이 일어나기 시작합니다. 세 나라의 연합군 중 두 나라가 한패가 되어 나머지 한 나라인 에돔 군사들을 쳐서 전멸시켰습니다. 그리고는 남은 두 나라 군사들이 서로 싸우더니 모압과 암몬 군인들도 모두 죽고 말았습니다. 유다 군인들은 화살 한 발 쏘지 않고 세 나라의 연합군을 전멸시켰습니다. 유다 군인들은 가만히 구경만 하다가 전리품을 챙기러 나갔는데 전리품을 거두는 데만 사흘이 걸렸다고 성경은 기록하고 있습니다. 유다 백성들은 그 골짜기에서 하나님께 감사하며 찬양하였기에 그 곳 이름을 '브라가 골짜기' 곧 '찬양의 골짜기'라고 불렀습니다.

사랑하는 여러분, 극한 불경기와 건강의 이상과 여러 가지 환난 속에 캄캄한 밤을 맞이하셨습니까? 하나님은 여러분들을 사랑하십니다. 그리고 우리가 알지 못하는 방법으로 새벽을 준비해 두셨습니다. 하나님을 의지하시면서 감사와 찬양을 드리시기 바랍니다. 찬양은 캄캄한 밤을 물러가게 하고, 새벽을 깨울 것입니다.

> "하나님이여 내 마음이 확정되었고 내 마음이 확정되었사오니 내가 노래하고 내가 찬송하리이다.
> 내 영광아, 깰지어다. 비파야, 수금아, 깰지어다. 내가 새벽을 깨우리로다."
> 시편 57편의 말씀입니다. (7, 8절)

배신감을 느낄 때

2012. 3. 18.

쑥부쟁이라는 들국화에는 이런 전설이 전해집니다. 대장간을 하는 아버지와 오랜 병을 앓고 있던 어머니의 맏딸로 태어난 한 처녀에게는 11명의 동생들이 있었습니다. 그래서 어머니의 병간호와 동생들의 뒷바라지를 하면서 틈틈이 쑥을 캐러 다녔습니다. 사람들은 쑥을 캐러 다니는 불쟁이집의 딸이라는 의미로서 쑥부쟁이라고 불렀습니다. 어느 날 쑥부쟁이가 쑥을 캐러 다니다가 사냥꾼에게 쫓기는 상처 입은 사슴 한 마리를 만나게 되자 숨겨 주었습니다. 잠시 후 멧돼지 함정에 빠진 사냥군의 신음소리를 듣고 그도 또한 구해 주었습니다. 사냥군은 한양 박재상의 아들로서 아주 잘 생기고 씩씩한 청년이었습니다. 두 사람은 곧 사랑에 빠졌는데 청년은 내년 가을에 돌아오겠다는 약속을 남겨두곤 떠났습니다. 그토록 보고 싶어 하며 기다렸지만 청년은 몇 번의 가을이 지나도 돌아오지 않았습니다. 너무나 보고 싶어 하던 쑥부쟁이가 산신령에게 빌자 전에 도움을 주었던 사슴이 나타났습니다. 산신령은 수년 전에 자기를 구해주고 치료해 준 것을 고마워하면서 보랏빛 주머니에 담긴 노란 구슬 세 개를 주었습니다. 구슬을 한 개씩 입에 물고 소원을 빌면 무슨 소원이든지 이루어진다고 하였습니다. 쑥부쟁이는 노란 구슬을 하나 물고 어머니가 건강하게 해 달라고 했더니 순식간에 어머니가 일어났습니다. 두 번 째 구슬을 물고 사냥꾼 청년을 만나게 해 달라고 하자 청년이 나타났습니다. 그런데 그는 이미 결혼하여 두 아이까지 두고 있었습니다. 쑥부쟁이는 배신감을 느꼈지만 그 가정을 깨고 싶지 않아서 세 번째 구슬을 입에 물고는 청년을 다시 자기 집으로 돌아가게 해 달라고 빌었습니다. 청년을 떠나보낸 후 쑥부쟁이는 쑥을 캐다가 발을 헛디디어 절벽에서 떨어져 죽었습니다. 그녀가 죽은 자리에 연보라빛 국화가 피었는데 사람들은 그 꽃 이름을 쑥부쟁이라고 불렀습니다. 배신당한 여인의 아픔이 있는 꽃입니다.

지금부터 3,000년 전 다윗이 왕으로 있을 때였습니다. 잘 생긴 아들 압살롬 왕자가 성문에서 백성들의 어려움을 들어주는 척 하면서 그들의 환심을 사는 말만 하며 마음을 빼앗기 시작했습니다. 백성들의 마음이 자기에게 기운 것을 알게 되자 압살롬은 헤브론에서 반역을 일으켜 스스로 왕이 되었습니다. 아들의 배신도 가슴 아픈데, 압살롬 곁에는 다윗의 오랜 친구로서 모든 작전을 조언해 주던 모사 아히도벨까지 반역에 합세하여 있었습니다. 다윗은 급히 궁을 버리고 도망하면서 아들과 친구에게서 크나큰 배신을 느꼈습니다. 그 배신 가운데 쓴 시가 시편 55편인데 "그는 곧 너로다. 나의 동료, 나의 친구요, 나의 가까운 친우로다."(시편 55 : 13) 하며 슬픔을 탄식하고 있습니다.

이집트에서 사역하던 유해석 선교사가 「높여 주심」이라는 책을 출판하였는데 그 가운데 이런 일화가 나옵니다. 카이로의 빈민가에서 생활하면서 조심스럽게 사역한 지 1년 반이 되었을 때 어느 날 갑자기 12명의 국가안전정보부 직원들에게 붙잡히게 되었고, 심문을 받게 되었습니다. 식사 시간이 되어도 먹을 것도 주지 않고 계속 조사를 하는데 심문관들은 시종일관 어떤 서류를 넘기면서 질문하였습니다. 한참 궁금하던 차에 심문관이 잠깐 자리를 비우자 그 서류를 보았습니다. 자신이 카이로에서 행했던 모든 말과 행동이 낱낱이 기록된 보고서였습니다. 그런데 그 보고서를 올린 사람은 놀랍게도 '아하메드'라는 사람이었습니다. 아하메드는 전임 사역팀에 의하여 그 지역에서는 처음으로 예수 믿고 세례 받은 사람입니다. 유 선교사님도 아하메드에게 이집트 문화를 배우면서 그에게 많은 사랑과 정성을 쏟아 부었습니다. 그런 아하메드가 3년간의 군복무를 면제받기 위해 선교 팀에 대한 정보를 그들에게 넘겼습니다. 종일 심문을 받고 집에 돌아왔더니 뻔뻔스럽게도 자기를 배신하고 고발한 아하메드가 하루 종일 자기를 찾고 기다렸다고 하면서 부둥켜안았습니다. 배신감과 분노에 치가 떨렸습니다. 그러나 유 선교사님은 사막으로 차를 몰고 들어가 기도하면서 그 짐까지 모두 주님께 맡기고 돌아왔습니다.

사랑하는 여러분, 때로 가까운 사람의 배신 때문에 마음 상한 일은 없으십니까? 하나님께서 해결해 주시도록 배신의 모든 짐까지 기도로 내려놓으시기 바랍니다.

"나는 하나님께 부르짖으리니 여호와께서 나를 구원하시리로다. 네 짐을 여호와께 맡기라 그가 너를 붙드시고 의인의 요동함을 영원히 허락하지 아니하시리로다."

시편 55편의 말씀입니다. (16, 22절)

위로부터 난 지혜

2012. 4. 8.

미국 워싱턴에 소재한 PEW 연구조사 센터에서 작년에 47개 나라를 대상으로 여론조사를 하였습니다. 그 질문 중의 하나로서 "당신은 현재 당신의 나라에 만족하십니까?"라는 질문이 있었습니다. 이 질문에 중국인들은 83%가 만족하다고 답하였고, 가난한 나라 방글라데시 사람들도 75%가 만족하다고 하였습니다. 부자 나라로서 스웨덴인들도 66%가 만족하다고 답하였고 미국인들은 25%가 만족하다고 대답하였습니다. 그런데 한국 사람들은 9%만이 만족하다고 대답하였는데 우리나라 보다 못한 나라로서는 레바논이 6%, 그리고 팔레스타인이 5%였습니다. 이들 국가는 내전으로 인해 생존을 위협받고 있는 나라들입니다. 한국은 국민소득이 3만 불이나 되고 세계 경제 10위권의 부자인데 왜 이렇게 불만이 많을까요? 그것은 서로를 경쟁상대로 여기면서 살아남기 위해 동료들과 치열한 투쟁을 하면서 살기 때문입니다. 남을 죽이지 않으면 자기가 죽는다는 생각으로 이 땅의 지혜만 많이 발달하였기 때문입니다. 이 땅의 지혜가 많아질 때는 시기와 다툼도 많아지게 되는데 성경은 이렇게 말씀하고 있습니다.

"이러한 지혜는 위로부터 내려온 것이 아니요, 땅 위의 것이요, 정욕의 것이요, 귀신의 것이니, 시기와 다툼이 있는 곳에는 혼란과 모든 악한 일이 있음이라." (약 3 : 15, 16)

그러나 하나님께서 주시는 지혜는 이웃들을 사랑하고 화평하며 살게 합니다. 지난 몇 주간 미국의 인기 프로그램인 「아메리칸 아이돌」에서 많은 대중들의 인기를 끌었던 한희준 씨에게 대다수의 한인들이 박수와 응원을 보내었습니다. 수천 명의 예선전을 뚫고 올라온 한희준 씨는 탁월한 가창력으로 '톱 9'까지 진출하였습니다. 미국인들의 눈에 비친 한인들은 이기적이고 인색하다는 평가를 받고 있는데 한희준 씨의 인터뷰에서 이런 한인들의 이미지를 많이 바꾸어 주었습니다. 그가 아메리칸 아이돌에 노래하러 나온 동기가 참 아름답습니다. 한희준 씨는 어려서 뉴욕 퀸즈 지역으로 이민 왔습니다. 그는 사촌형과 함께 뉴욕에 있는 밀알 선교단에서 장애인들을 돕는 자원봉사자로서 활동하였습니다. 장애인들을 위한 프로그램을 돕기 위해 장애인 숫자만큼의 헌신적인 봉사자가 절대로 필요합니다. 더구나 열악한 밀알 선교단의 사정을 알게 되자 자기가 잘 할 수 있는 노래로써 장애인들을 돕기 위해 이 대회에 나왔다고 하여 한인들 뿐 아니라 많은 미국인들까지 감동시켰습니다. 최종 우승은 하지 못하고 '톱 8'에서 중단되었지만 그의 실력과 장애인들을 향한 사랑이 잔잔한 감동을 주고 있습니다. 약한 이웃을 밟으면서 자기 혼자 잘 먹고 잘 사는 것이 아니라, 그들의 힘든 사정을 외면하지 않고 도우려던 그는 하늘로부터 내려오는 지혜를 소유한 사람입니다.

죄인이기에 지옥 갈 수밖에 없는 우리를 외면하지 않으시고 생명을 주시기 위해 하나님이신 예수님이 이 세상에 오신 사건은 최고의 사랑이었습니다. 밤에 시골에 가면 육안으로 6천 개 정도의 별을 볼 수 있습니다. 수성·금성·화성·목성·토성을 제외하고서는 모두가 스스로 빛을 내는 항성입니다. 우주에서 보면 태양도 아주 작은 별 중의 하나입니다. 그런데 태양 다음에 있는 가장 가까운 항성이 얼마나 먼지 아십니까? 태양을 축구 공 사이즈로 줄여서 시카고 근교에 있는 저희 교회 문 앞에 두었다고 할 때 다음 별은 시카고나 이웃 동네 정도가 아니고, 서울에 있을 만큼 멀다고 합니다. 상상도 할 수 없는 거리입니다. 이런 우주를 지으신 하나님이 우리 인간의 몸을 입으시고 십자가에서 돌아가셨다는 것은 이해가 되지 않는 기적이고 비밀입니다. 이런 것은 인간의 지혜로 해결되지 않습니다. 믿음을 선물로 받은 사람 곧 위로부터 난 지혜를 가진 사람은 하나님과 화목하여 하나 되고, 이웃과 화평하며 살게 됩니다.

> **"오직 위로부터 난 지혜는 첫째 성결하고 다음에 화평하고 관용하고 양순하며 긍휼과 선한 열매가 가득하고 편견과 거짓이 없나니 화평하게 하는 자들은 화평으로 심어 의의 열매를 거두느니라."**
> 야고보서 3장의 말씀입니다. (17, 18절)

천국 열쇠

2012. 4. 15.

최수동이라는 청년이 베트남 전쟁터를 다녀와서 결혼을 하고 세 명의 아들을 두었습니다. 시작한 사업이 어려움을 겪자 생활비를 벌기 위해 해외 개발공사를 통하여 서른아홉 살의 나이에 사우디 아라비아 건설현장으로 나갔습니다. 사우디에 파견된 이듬해에 공사 현장에서 중장비 운전기사와 싸움이 생겼습니다. 그러자 그 운전기사는 중장비를 몰고 죽이겠다고 달려들었고, 최수동 집사는 두 번의 공격을 피하였으나 세 번째로 달려오는 중장비를 피하지 못하고 결국 두 다리를 찍히고 말았습니다. 앰뷸런스로 이송될 때 그는 한번만 살려 달라고 절규하며 하나님께 기도드렸습니다.

죽음이 눈앞에 보였는데 그 때 예수님께서 자기를 오른팔로 안으시고 왼손으로 가슴을 만지시면서 "두려워 말라, 놀라지 말라. 내가 너를 구해 주겠다."하시면서 안아 주시는데 형언할 수 없는 평강을 느낄 수 있었습니다. 그리고 찬란한 천국과 처절한 불구덩이의 지옥을 맛보고 다시 깨어났습니다.

그 후 한국 병원으로 공수되어 와서 1년 6개월 동안 아홉 차례의 대수술을 받는 동안 친구·친척·형제 등 주위의 사람들이 하나 둘 떠나더니 모두 가버리고 말았습니다. 자기의 두 다리를 잃게 한 중장비 운전기사와 떠나버린 친지들을 생각하면 세상이 더럽기만 하였습니다. 그러나 찬란했던 천국을 보여 주시고 죽음에서 살려 주신 예수님을 만나게 되면서 자신의 두 다리를 찍어버린 운전기사를 용서하기로 하였습니다. 그리고는 지옥에서 처절하게 고통당하고 있는 사람들을 생각하면서 불속에 가서라도 지옥 갈 영혼들을 위해 일해야겠다는 사명감이 솟아올랐습니다. 그 용서와 사명은 이 땅에서 또 다른 기적을 맛보게 하였는데 평생 걸을 수 없다던 의사의 말과는 달리 최수동 집사는 결국 고무다리를 착용하고 일어서서 걸어 다닐 수 있게 되었습니다. 그는 신학을 공부하고 마흔 아홉 살에 목회자가 되었습니다. 지금도 국내외를 열심히 돌아다니면서 복음을 전하고 있습니다.

최수동 목사님은 자신의 두 다리를 중동 땅에 묻어 두는 사건을 통하여 주님을 만날 수 있었기에 이런 찬송시를 썼습니다.

"죄악된 세상을 방황하다가 천국과 지옥도 나는 몰랐네.
고집대로 영 죽을 험한 세상이 왜 그리 더러운지 이제야 아네.
탕자를 살려주신 주님 말씀에 죄인의 두 다리 묻어 두었네.
아들이여, 일어나 내 손을 잡고 남은 몸 모든 영혼 바치라 하네.
불속에라도 들어가서 불속에라도 들어가서 세상에 널리 전하리. 주의 사랑을."

예수님을 믿게 된 사람은 천국열쇠를 소유하게 됩니다. 그리고 이 열쇠는 계속 열 수 있는 특징이 있습니다. 제가 가지고 있는 교회 열쇠는 저희 교회가 미국 교회 건물을 구입하였을 때 미국 목사님으로부터 인계 받은 열쇠입니다. 지난 십 수년간 이 열쇠로 벌써 만 번도 넘게 문을 열었습니다. 이 열쇠는 앞으로도 수만 번, 수십만 번을 더 열 수 있을 것입니다. 열쇠는 문을 아무리 열어도 계속 또 열립니다. 예수님을 믿음으로 받은 이 천국 열쇠는 우리만을 위하여 사용하라고 주신 것이 아니라 주위 사람들에게도 천국 문을 열어 주는 도구로 사용하라고 하십니다.

존 와너메이커 (John Wanamaker)는 자신이 예수님을 믿고 구원받은 것이 너무 감사하여 스무 살 때 몇 명의 친구들과 함께 주일학교를 시작하였습니다. 허름한 상가를 하나 전세 내어 시작하였는데 첫 주일에 27명의 아이들이 모였습니다. 불량배들의 방해로 건물이 난장판이 되었지만 이들은 포기하지 않고 변두리로 옮겨서 계속 아이들에게 복음을 전하였습니다. 아이들이 점점 많이 모여 들게 되자 건물 옆방을 터서 늘려 가다가 나중에는 아예 건물을 지어서 주일학교 사역을 확장하였습니다. 존은 처음으로 모든 종류의 물건을 함께 파는 백화점이라는 대형 가게를 창안하여 기업가로 성공하게 되면서 많은 돈을 벌게 되었습니다. 그는 그 돈으로 6천 명의 아이들을 매주 가르치면서 복음을 전하였습니다. 또한 세계 각처에 YMCA 건물을 지어주기 시작하였는데, 서울 종로에 있는 YMCA 건물도 그가 보내준 자금으로 지었습니다. 존 와너메이커는 천국 열쇠로 자신만 구원받고 이 땅에서 자신만 잘 사는 것이 아니라 수만 명의 아이들과 청년들에게 천국 문을 열어 준 사람이 되었습니다.

사랑하는 여러분, 나 중심의 삶에서 벗어나 하나님 중심, 이웃 중심으로 살면서 주위의 많은 이웃들을 위하여 천국열쇠를 사용하시기 바랍니다.

> "내가 천국 열쇠를 네게 주리니, 네가 땅에서 무엇이든지 매면 하늘에서도 매일 것이요, 네가 땅에서 무엇이든지 풀면 하늘에서도 풀리리라."
> 마태복음 16장의 말씀입니다. (19절)

천국의 맛

2012. 4. 1.

독도가 한국 땅이라는 너무나 당연한 사실 앞에 일본은 지금도 독도를 넘보고 있어서 한국인의 독도 사랑은 날이 갈수록 더해 가고 있습니다. 몇 해 전에 대한민국 건국 최초로 독도 땅의 공시지가를 발표하였습니다. 동도와 서도로 이루어진 독도는 모두 37필지로 나누어져 있는데 가장 비싼 땅은 동도의 접안 시설과 헬기장이 있는 곳이고, 가장 싼 곳은 서도의 임야지역입니다. 독도 전체의 땅값은 미화로 약 25만 불 정도입니다. 시카고에 있는 작은 집 한 채 값에 불과합니다. 만일 독도를 공식지가를 내고 아무나 살 수 있다면 일본에서 25만 불이 아니라 천배 또는 만 배를 내고라고 사려고 할 것입니다. 돌산 같은 독도가 중요한 것이 아니라 독도의 위치로 인하여 동해 바다와 그 해저에 있는 엄청난 자원을 소유하게 되기에 한국은 현재와 후손들을 위하여 끝까지 독도를 지킬 것입니다. 독도는 빙산의 일각 같아서 독도 뒤에 보이지 않는 비교할 수 없이 큰 가치가 함께 하고 있기 때문입니다.

천국은 어쩌면 독도 같은 곳이어서 우리가 알고 있는 천국은 빙산의 일각에 지나지 않습니다. 진주 문이라든지, 황금 길이라든지, 생명수 강과 그 주위에 있는 생명나무, 스랍들과 천사들의 찬양하는 모습 등이 우리가 알고 있는 천국의 모습입니다. 그러나 이런 표현들은 제한된 우리 인간들의 언어로서 표현할 수 있는 최선일 뿐이지 천국을 제대로 보여 주지는 못합니다. 천국은 저희가 상상하는 것보다 억만 배 이상 좋은 곳입니다.

베드로와 야고보와 요한이 예수님과 함께 변화산에 올라 갔을 때의 일입니다. 마침 예수님께서 모세와 엘리야와 함께 잠깐 모이셨는데 그곳은 천국이 아니라 천국의 맛만 약간 볼 수 있는 곳이었습니다. 그러나 그 곳이 얼마나 좋았는지 베드로는 텐트 세 개를 치고서 주님과 모세와 엘리야를 모시고 그 산에서 그냥 살고 싶었습니다. 원래 성격이 담대하고 저돌적인데다 주님을 따라 다니면서 수많은 기적을 보아 오면서 별로 놀랄 일이 없었던 베드로였지만 천국 맛을 보는 순간 만큼은 얼마나 좋았는지 정신을 잃을 정도였습니다.

저희 부모님은 황해도 분이신데 일본 군인들에게 쫓겨 다니실 때 황해도의 한 깊은 산속으로 도망하여 지내셨습니다. 얼마나 까마득하게 먼 산이었는지 이름도 까막산이었습니다. 면 서기도 찾아오지 않는 외진 산속에서 농사도 잘 모르시는 분들이 농사를 지으시면서 감자 몇 톨로 네 식구가 하루를 지내야 하는 곳이었습니다. 너무 배가 고프셔서 저희 어머니는 쌀밥 한 번 실컷 잡수어 보는 것이 소원이었다고 하실 정도였습니다. 풍부하게 문화생활을 하시다가 산속에 숨어 지내시면서 어려움이 참 많았지만 어머니는 438장 찬송을 수백, 수천 번 부르시면서 주님과 동행하는 생활 가운데 힘을 얻으셨다고 합니다.

1. 내 영혼이 은총 입어 중한 죄 짐 벗고 보니
   슬픔 많은 이 세상도 천국으로 화하도다.
3. 높은 산이 거친 들이 초막이나 궁궐이나
   내 주 예수 모신 곳이 그 어디나 하늘나라.
   할렐루야, 찬양하세 내 모든 죄 사함 받고
   주 예수와 동행하니 그 어디나 하늘나라.

그런 고생의 시기를 지나셨기에 부모님의 남한생활은 작은 천국을 맛보시면서 항상 감사를 많이 하시다가 늘 소망하시던 하늘나라로 가셨습니다.

사랑하는 여러분, 높은 산과 거친 들과 같은 이민 길을 걸어가시기에 얼마나 힘들고 어려우십니까? 아무리 미국이 살기 좋다고 하지만 이 세상 어디를 가더라도 마귀가 권세를 잡고 있습니다. 질투·미움·시기·거짓·음란·마약·살인 등 갖가지 죄악이 만연합니다. 이 땅에는 결코 완전한 나라가 없습니다. 하나님께서 통치하는 나라만 온전합니다. 주님과 동행하는 가운데 천국의 소망 중에 살아가시기 바랍니다.

> **"그들이 이제는 더 나은 본향을 사모하니 곧 하늘에 있는 것이라. 이러므로 하나님이 그들의 하나님이라 일컬음 받으심을 부끄러워하지 아니하시고 그들을 위하여 한 성을 예비하셨느니라."**
> 히브리서 11장의 말씀입니다. (16절)

제 6 장

하나님의 주권

2012. 4. 29.

두어 주 전에 김정은이 김일성 100주년 생일을 맞아 인공위성을 가장한 미사일을 발사하여 국내외로 큰 자랑을 하려 하였다가 실패 하였습니다. 그는 20대 청년이지만 이북의 제1인자입니다. 한국 대통령보다 권력의 힘도 훨씬 세고, 한국의 어느 재벌보다 돈도 많은 사람입니다. 남한의 대통령은 다른 지도자들과 국회의 도움을 구해야 하고, 국민들의 불평에 빠르게 대처하면서 정치를 해야 합니다. 그렇지만 북한에서는 김정은에게 아무도 따지지 못합니다. 자기 말 한 마디에 수백 수천 명의 사람들이 죽어가기도 합니다. 그러나 그것이 김정은의 불행입니다. 그는 하나님 대신 자신이 모든 주권을 가지고 있다고 생각하며 살 것이기 때문입니다. 하나님의 주권을 인정하지 못하는 사람은 허탄한 자랑을 하면서 삽니다. 어떤 사람은 돈으로 자랑하고, 어떤 사람은 자신의 은사로 자랑합니다. 이번에 김정은은 미사일로 악한 자랑을 하려 하였지만 자기 마음대로 되지 않았습니다. 이번 미사일 프로젝트를 위해 이북의 과학자들로서는 김정은의 명예를 위하여 생명을 걸고 발사준비를 하였을 것입니다. 실패는 김정은의 불명예요, 이는 곧 처형을 의미할 것입니다. 이번 실패로 이북의 과학자들 몇 명이 숙청당할 것으로 예상 됩니다. 더구나 이번 미사일 발사 경비가 북한 주민들 1년 먹을 양식 값이었다고 하니 얼마나 준비를 철저히 하였겠습니까? 그러나 그렇게 준비한 미사일도 떨어질 수 있습니다. 미사일이 발사되어 오르는 순간 하나님의 손으로 살짝 누르면 미사일은 떨어질 수밖에 없습니다.

사도 바울은 능력의 사람이었습니다. 그는 3층에서 떨어져 죽은 청년 유두고를 살려낸 사람입니다.(행 20 : 9-12) 그러나 바울은 병 고치는 은사를 자랑하지 않았습니다. 신약 성경책의 절반이나 쓴 은사도 자랑하지 않았습니다. 그는 전적으로 하나님의 주권을 인정하면서 살았기에 하나님이 주시는 능력으로 살아갈 뿐이라고 하면서 이렇게 고백합니다.

“우리 중에 누구든지 자기를 위하여 사는 자가 없고 자기를 위하여 죽는 자도 없도다. 우리가 살아도 주를 위하여 살고 죽어도 주를 위하여 죽나니 그러므로 사나 죽으나 우리가 주의 것이로다.” (롬 14 : 7-8)

두어 주 전 주일날 미국 조지아주에서 끝난 마스터스 골프대회에서 버바 웟슨이 우승하였습니다. 그는 단 한 번도 골프 레슨을 받지 않았고, 다른 선수들의 비디오 테이프를 보면서 공부하지도 않았다고 합니다. 그런데 세계 최고로서 1등을 하였습니다. 키 191cm, 몸무게 82kg의 거구인 웟슨은 300야드 이상의 드라이버샷을 날릴 때마다 자기의 스폰서회사로부터 300불씩 자선단체에 기증하기로 하였다고 합니다. 그래서 웟슨은 이번 마스터스 대회에서 우승하기보다는 300야드가 넘는 샷을 몇 번 하느냐? 그래서 자선 단체에 얼마나 기증할 수 있을까 하는 것이 관심이었다고 합니다. 주어진 기회에서 최선을 다하여 선한 행실을 하는 버바 왓슨은 기부천사로 유명합니다. 독실한 크리스천인 왓슨은 우승하던 날 소감을 말하면서 "오늘이 마스터스 대회에서 우승한 날이라기보다 부활절이라는 게 더 뜻 깊은 일"이라고 말할 정도입니다. 왓슨은 하나님의 주권에 전적으로 순종하는 삶을 살고 있습니다. 그가 승리한 후 TV 인터뷰에서 '갈렙'이라는 이름을 말하고는 눈물을 글썽였습니다. 그의 부인이 결혼 전 아이를 가질 수 없는 뇌하수체 문제가 있다고 하자 왓슨은 하나님께 불평하지 않았습니다. 도리어 하나님께서 아이를 입양하여 키우기를 원하신다는 사실을 인정하면서 하나님의 주권에 순종하기로 하였습니다. 지난 4년간 아이를 입양하기 위해 노력하다가 드디어 지난 3월 26일 플로리다 주에서 입양허가가 되어 절차를 밟기 시작하였는데 그 남자 아이의 이름이 갈렙이었습니다. 아이의 수속이 끝날 때까지 플로리다 주를 떠날 수 없다는 규정 때문에 왓슨이 마스터스의 챔피언이 되어 그린 자켓을 입을 때에도 부인은 참석하지 못하였기에 그는 어머니와 포옹하며 울었습니다. 안개 같은 인생에서 우리는 이해할 수 없는 상황을 만난다고 하여도 불평하지 말고, 하나님의 주권에 순종하며 살아야 합니다.

"너희가 도리어 말하기를 주의 뜻이면 우리가 살기도 하고 이것이나 저것을 하리라 할 것이거늘 이제도 너희가 허탄한 자랑을 자랑하니 그러한 자랑은 다 악한 것이라. 그러므로 사람이 선을 행할 줄 알고도 행하지 아니하면 죄니라."

야고보서 4장의 말씀입니다. (15–17절)

새벽 이슬 같은 청년

2012. 7. 22.

우리 주위에 돈 때문에 이웃에게 무자비하고, 기업윤리도 없이 경쟁하고, 이기적이고 악하게 사는 사람이 많아 보이지만 자세히 살펴보면 자신의 일에 충성하며 이웃에게 조용히 사랑을 베풀면서 사는 사람들이 훨씬 많습니다. 2008년 말까지 일하던 은행장직을 내려놓고 르완다 선교사로 떠난 이종흠 장로님 같은 분이 그런 분입니다. 그는 미주 지역에 있는 '신한 뱅크 아메리카' 은행장으로 근무하면서 주위 모든 사람들로부터 실력가로 인정받았습니다. 모든 것이 편안한 이종흠 행장의 마음속에 선교지에 대한 부담감이 마음을 떠나지 않다가 결국 르완다에서 꼭 와 달라는 요청을 받아 들이기로 하였습니다. 르완다는 아프리카에서 제일 가난한 나라 중 하나로서, 1인당 국민 소득이 1,000불이 되지 않습니다. 1994년에는 후투족과 투치족 간의 내전이 벌어져 약 100일 동안 100만 명을 죽이는 최악의 종족 학살이 벌어졌던 곳이기도 합니다. 수많은 남자 가장들이 죽자 여자들과 아이들이 살아가기에는 너무나 척박한 땅인 르완다에서 이런 가정들을 돕기 위해 세워진 구호기관 중의 하나가 우르웨고 오퍼튜니티(Urwego Opportunity)입니다. 이 기관은 당장 죽어가는 가정에 신용도 보증도 없이 돈을 빌려주는 은행입니다. 그러나 적은 돈도 이들에게는 큰 힘이 되기에 이 일을 효율적으로 운영할 수 있는 실력과 신앙을 겸비한 사람이 꼭 필요하였습니다. 결국 우르웨고 오퍼튜니티의 요청으로 이종흡 장로님은 미국 생활을 접고 르완다로 향하였습니다.

세상의 부귀나 욕망을 따르지 않고, 사랑과 믿음으로 사는 사람들이 우리 주위에는 훨씬 많기에 그래도 이 세상은 아름답습니다. 새벽기도를 끝내고 상쾌한 바람을 호흡하면서 이슬 맺힌 잔디를 걸어 보셨습니까? 10 m 만 걸어도 구두가 흠뻑 젖는 것을 경험하실 것입니다. 그런데 그 이슬이 지나온 10 m 에만 있는 것이 아니고, 위스컨신을 넘어 캐나다까지 끝없이 이슬이 맺혀 있습니다. 성경은 셀 수 없이 많다는 뜻으로 새벽이슬이라는 표현을 쓰고 있는데 아무리 악한 세상이라고 해도 강한 믿음으로 선하게 살아가는 청년 같은 성도들이 새벽이슬 같이 많다고 말합니다.

아합 왕 시대에 엘리야 선지자는 바알 선지자 450명과 갈멜산에서 생명을 건 사투를 겨루었습니다. 3년 6개월간의 가뭄으로 민심조차 날카롭게 가물었을 때 진정 살아계신 하나님이 누구신지를 확인해 보자고 제안하였습니다. 송아지 제물을 각각 자기 신들에게 제사하기로 하였는데 불은 놓지 않고 기도만 하기로 하였습니다. 기도의 응답으로 하늘에서 불을 내려 제물을 태우는 신을 진정한 하나님으로 인정하기로 하였습니다. 바알 선지자들이 종일 바알신에게 불을 내려 달라고 기도하였지만 하늘은 조용하기만 하였습니다. 그러나 엘리야 선지자가 송아지 제물을 올려두고 하나님께 간절히 기도하였을 때 불이 내려와 제물 뿐 아니라 주위의 물과 나무와 흙까지 다 태웠습니다. 백성들은 일제히 엎드려 하나님께 찬양을 드렸습니다. 엘리야의 명령에 따라 백성들은 바알 선지자들을 잡아끌고 산 아래 기손 강으로 내려와 그들을 쳐 죽였습니다. 그러나 다음 날 막강한 이세벨 왕후는 자기 선지자들을 다 죽인 엘리야를 죽이려고 찾기 시작하였습니다. 엘리야가 도망가다가 하나님을 만나게 되자 말합니다. "하나님, 제가 하나님을 섬기는 열심히 좀 특별하지 않습니까? 이스라엘 백성들이 하나님과의 언약을 버리고 하나님의 제단을 헐고, 칼로 주의 선지자들을 죽였습니다. 오직 저만 남았는데 이제 저희가 저마저 죽이려고 찾고 있습니다."

그러자 하나님께서는 엘리야에게 말씀하셨습니다.

"내가 이스라엘 가운데에 칠천 명을 남기리니 다 바알에게 무릎을 꿇지 아니하고 다 바알에게 입 맞추지 아니한 자니라."(왕상 19 : 18) 하나님의 선지자가 단 한 명만 남아 있다고 생각하고 있는 엘리야에게 하나님께서는 7,000명이나 되는, 새벽 이슬같이 많은 믿음의 사람들을 남겨 두고 계시다고 말씀하십니다. 이 세상은 지금 심한 불경기에 자살 소식들로 어둡기만 해 보입니다. 그러나 이종흠 장로님같은 믿음의 사람들이 새벽 이슬같이 많이 있어서 이 세상은 아름답고 행복합니다.

"주의 권능의 날에 주의 백성이 거룩한 옷을 입고 즐거이 헌신하니 새벽 이슬 같은 주의 청년들이 주께 나오는도다."

시편 110편의 말씀입니다. (3절)

오래 참는 자의 축복

2012. 5. 6.

매미의 수명은 보통 6년입니다. 곤충치고는 수명이 아주 길게 여겨지지만 6년 중에서 5년 11개월을 땅 속에서 애벌레로 지냅니다. 땅 속에서 그의 수명 대부분을 지내면서 껍질을 4번이나 벗습니다. 그리고 5년 11개월이 지난 여름 어느 날 땅 위로 기어 나와 나무 등걸을 타고 오릅니다. 그리고 5번째 허물을 벗으면서 날개가 달린 아름다운 매미 성충이 되게 됩니다. 그렇게 오랫동안 땅속에서 지낸 후에 어렵게 매미가 되지만 이들은 불과 4주만 지나면 죽음을 맞이합니다. 그러기에 4주만에 빨리 암컷을 찾기 위하여 간절하고 처절하게 노래를 부릅니다. 암컷을 만나 자손을 퍼트리고 난 후 한 달 안에 매미는 긴 암흑의 일생을 마칩니다. 이런 매미를 보면서 우리는 인내의 교훈을 받게 됩니다. 미물들도 자기가 죽고 나면 6년 후에 또 다른 후손 매미들이 나타날 영광을 바라보면서 기꺼이 6년을 인내하는데, 하물며 우리 성도들이 영원한 하늘나라를 약속받고서 이 땅에서 인내하지 못하겠습니까?

욥이 감당하기 힘든 시련을 겪으면서 때로 너무 힘들고 하나님의 손길이 보이지 않는 것 같아서 불평도 하였지만, 근본적으로 욥의 신앙이 무너지지는 않았습니다. 욥은 하나님의 사랑과 긍휼히 여기심을 기대하면서 인내하였기에 하나님께서는 욥을 다른 친구들보다 의롭다고 인정하셨습니다. 이런 욥을 통하여 하나님께서는 친구들도 축복하시고, 욥에게는 갑절의 축복을 주셨습니다.

"욥이 그의 친구들을 위하여 기도할 때 여호와께서 욥의 곤경을 돌이키시고 여호와께서 욥에게 이전 모든 소유보다 갑절이나 주신지라."(욥기 42 : 10) 하고 성경은 기록하고 있습니다. 욥은 이 땅에서도 축복을 받았지만 천국에서는 더 큰 축복을 받았을 것입니다. 성도들이 이 땅에서 당하는 고통을 인내하며 견딜 때 천국에서 더 큰 축복을 받기 때문입니다. 그래서 마태복음에서 이렇게 기록하고 있습니다.

"나로 말미암아 너희를 욕하고 박해하고 거짓으로 너희를 거슬러 모든 악한 말을 할 때에는 너희에게 복이 있나니 기뻐하고 즐거워하라. 하늘에서 너희의 상이 큼이라. 너희 전에 있던 선지자들도 이같이 박해하였느니라." (마태 5 : 11, 12)

강원도 묵호에서 여섯 살 때 부모에게 버림받고 동생과 굴다리 밑에서 걸식하며 떠돌다가 고아원에서 8년을 자란 최석춘이라는 소년이 있었습니다. 14살이 되었을 때 다행히 미국으로 입양되었습니다. 백인 양부모는 친자녀가 1남 2녀나 있었고, 이미 다른 아이 하나를 입양해 키우고 있으면서 그를 또 입양하였습니다. 스티브 모리슨이라는 이름으로 바꾸어진 그는 30여 년 전 미국에 처음 도착하던 날 먹었던 이상한 김치를 잊지 못합니다. 양어머니가 한국에서 온다는 양아들을 위해 언젠가 한번

맛본 적이 있는 김치를 만들었습니다. 배추와 마늘, 고춧가루 대신 양배추와 양파, 후춧가루를 잔뜩 넣고는 김치의 신맛을 낸다면서 식초를 뿌린 백김치였습니다. 시어서 먹을 수가 없었던 그 김치에서 그는 처음으로 어머니의 사랑을 느꼈다고 합니다. 그는 양부모의 따뜻한 사랑 속에 훌륭하게 자라 지금 미국 우주항공연구소(NASA)의 수석연구원으로서 내년에 쏘아 올릴 차세대 GPSⅢ 인공위성을 연구 개발하는 일을 하고 있습니다. 스티브의 꿈은 버림받은 아이들이 자신처럼 다복한 가정에 입양되어 사랑 가운데 자라게 하는 것입니다. 그는 1999년 입양을 위해 한국입양홍보회(MPAK : 엠팩)를 설립하고 현재 미주 다섯 개 지역과 한국 내 28개 지역에 지부를 두고 공개 입양을 홍보하고 있습니다. 이 운동 덕분에 지난해부터 한국 내 국내 입양이 해외 입양을 앞지르기 시작했습니다. 스티브는 매년 40여 일의 휴가를 한국 입양아 사업을 위해 쏟고 있습니다. 그가 인내하면서 이 일에 매달릴 수 있는 것은 자신이 입양되기 전까지 14년간 고통을 뼈저리게 경험하였고, 또한 현재 영광스러운 열매를 체험하고 있기 때문입니다.

사랑하는 여러분, 이민 길이 얼마나 힘드십니까? 그러나 사랑은 오래 참고 견딜 수 있는 힘을 줍니다.

> "보라 인내하는 자를 우리가 복되다 하나니 너희가 욥의 인내를 들었고 주께서 주신 결말을 보았거니와, 주는 가장 자비하시고 긍휼히 여기시는 이시니라."
>
> 야고보서 5장의 말씀입니다.

캄캄한 시골길에서

2012. 7. 8.

전에 딸과 함께 차를 몰고 시카고에서 콜로라도까지 갔던 적이 있습니다. 이라크에 갔던 아들이 돌아와서 자기 자동차를 콜로라도에 있는 부대로 갖다 달라고 하였기 때문입니다. 물론 차를 부칠 수도 있겠지만 이제 장성하여 아버지의 필요가 점점 적어지는 자녀들과 좀 더 깊은 대화를 하고 싶었기에 운전해서 가기로 하였습니다. 콜로라도까지 운전 시간만 16시간이 걸립니다. 딸과 교대로 운전하면서 갔습니다. 80번 고속도로를 타고 가다가 국도로 빠져서 서너 시간을 가고, 다시 70번 고속도로로 가야 됩니다. 밤새 고속도로를 달리는데 차가 몇 대 지나가지 않아서 그 넓은 고속도로를 전세 낸 것 같아서 기분이 참 좋았습니다. 별이 엄청 빛나는 밤이었습니다.

그런데 문제는 중간에 서너 시간을 국도로 달려야 하는데 양쪽이 콩밭인지, 목장인지 아무 것도 보이지 않았습니다. 고속도로에는 중간

중간에 마을이 있고, 밤에도 주유소가 문을 열고 있지만, 지방도로로 들어서니 상황이 달랐습니다. 한 작은 마을을 지나가는데 주유소가 있긴 하였지만 밤중이어서 문을 닫았습니다. 자동차의 가솔린 눈금이 8분의 1 정도 되자 조바심이 났습니다. 맥쿡(McCook) 이라는 조금 큰 마을이 47마일 남았다는 표지판이 나왔는데 현재의 가솔린으로는 40마일 가기에도 어림없을 것 같았습니다. 머리속이 복잡하였습니다. 가솔린이 떨어지면 인적도 드문 이 시골에서 아무에게도 도움을 요청할 수 없는 상황이었습니다. 어두움은 바깥뿐 아니라 제 마음에도 가득했습니다. 제 입술에서는 간절한 기도가 나오기 시작하였습니다. 가솔린만 가득 채우면 세상이 부럽지 않을 것 같았습니다. 기도하면서 달리고 있었는데 한 20마일 정도 갔을 때 아직도 캄캄한 시골길에 주유소 한 곳에 불이 켜 있었습니다. 얼마나 놀랍고 고마웠는지 모릅니다. 주유소에서 일하는 할머니가 그렇게 예쁘게 보일 수가 없었습니다. 정말 캄캄한 새벽을 깨우는 것이 이것이구나 하는 생각이 들었습니다. 마음 속의 모든 두려움과 어두움이 물러가고, 잠시 후부터 먼동이 트면서 들녘이 희미하게 보이기 시작하였습니다. 새벽을 깨우고, 빛이 밝아지고, 그 후로 지평선과 경치를 즐기면서 나머지 길을 즐겁게 달릴 수 있었습니다. 다른 사람들에게는 아무 것도 아닌 사건이겠지만 적어도 제게는 어두운 인생 중에 밝은 소망을 약속하시는 하나님의 임재를 경험할 수 있는 시간이었습니다.

지금 세계적인 경제 불황으로 모두가 힘들어 하고 있습니다. 경건한 성도님들의 사업 터 중에서도 힘든 곳이 많습니다. 심한 경우 하나님이 살아 계신지 의심이 될 때도 있습니다. 그러나 하나님은 믿음의 성도들을 사랑하십니다. 하나님께서는 오른손 곧 능력의 손으로 성도들을 구원해 주시겠다고 약속하고 있습니다. 비록 과정은 힘들 수 있지만 마지막 승리를 약속하고 계십니다. 다윗이 에돔과의 전투에서 초반전에 패전하였습니다. 그래서 시편 108편 후반부를 지었습니다. 그러나 다윗은 다시 반격을 시도하였고 결국 에돔 군사 18,000명을 죽이면서 대승을 거두었습니다. 그리고 에돔 전 지역에 총독과 주둔군을 배치하여 그들을 자기의 통치권 아래 예속시켰습니다. 궁극적인 승리였습니다.

바울과 실라가 빌립보에서 전도하다가 한 소녀가 귀신 들려 고생하는 것을 보고 그 귀신을 쫓아 내주는 선한 일을 하였지만 억울하게도 관가에 끌려갔습니다. 그리고 재판도 없이 매를 많이 맞았고, 차꼬에 발이 채인 채 깊은 감옥에 갇혔습니다. 밤이 늦어지자 바울과 실라는 불평과 원망이 아니라 기도와 찬송을 하였습니다. 주위에 있던 죄수들도 그 찬양을 듣고 있었습니다. 그 순간 갑자기 큰 지진이 일어나면서 모든 감옥 문이 다 열리고 족쇄들이 풀어졌습니다. 감사하고 찬양할 때 능력이 일어납니다. 어두움이 물러가고 새벽이 옵니다. 새벽이 왔기에 찬양하는 것이 아니라, 찬양할 때 새벽이 옵니다. 사랑하는 여러분, 힘든 고난이 우리를 덮는다고 해도 성도들은 이런 선취적인 믿음을 가지고 살아야 합니다.

> "하나님이여, 내 마음을 정하였사오니 내가 노래하며 나의 마음을 다하여 찬양하리로다. 비파야, 수금아, 깰지어다. 내가 새벽을 깨우리로다."
>
> 시편 108편의 말씀입니다. (1, 2절)

가장자리 인간

2012. 5. 13.

사회학자들은 이민자들을 마지널 피플(marginal people) 곧 '주변인' 또는 '가장자리 인간'이라고 부릅니다. 이민 1세대인 우리는 아무리 미국 주류사회에 들어가려고 해도 한계가 있습니다. 우리의 외모와 악센트, 문화 배경이 결국 그 한계를 만듭니다. 미국 직장에서 20~30년 다닌 분들이 하는 말이 처음에는 똑같이 승진이 되지만 어느 정도 올라가고 나면 보이지 않는 유리벽이 머리 위에 막혀 있는 것을 보게 된다고 합니다. 우리는 이것을 유리 천정(glass ceiling) 이라고 부릅니다. 그러나 이민자의 후손인 버락 오바마 대통령은 이런 유리 천장을 깨뜨리고 최고봉까지 올랐기에 우리 한인들에게도 신선한 충격과 희망을 주었습니다.

미국 이민자로 오래 살다보면 미국에서만 가장자리 인간이 되는 것이 아닙니다. 미국인으로 동화되지 않는 것도 사실이지만 한국으로 다시 돌아간다 하더라도 이미 한국인들의 생각이 우리와 많이 달라져 있는 것을 발견하게 됩니다. 저는 미국에 온지 30년이 넘었는데 언젠가 한국의 코미디 쇼인 '개그 콘서트'를 보게 되었습니다. 그 쇼를 보고 있는 많은 청중들은 숨이 넘어갈 듯 웃어대는데 저는 한 번도 웃지 못하고 끝이 났습니다. 허무하였습니다. 미국 코미디의 농담에도 웃지 못하고, 한국 코미디에도 따라 웃지 못하는 저 자신은 그야말로 한국에서도 마지널 피플(marginal people) 곧 가장자리 인간이 되어 있었습니다.

이것은 저만의 문제가 아닐 것입니다. 우리는 두 문화권 사이에서 점점 가장자리 인간들이 되어 가고 있습니다. 그러나 스스로를 가장자리 인간으로 한계를 정해 버린다면 나 자신을 바로 이해하는 것이 아닙니다. 자신의 정체성(identity)을 알지 못하면 우리는 열등감에서 일어나지 못합니다. 꿈이 있는 사람이라면 현재의 조건은 중요하지 않을 수 있습니다.

예수님께서 말씀하신 주옥같은 비유 가운데 이런 이야기가 나옵니다. 예루살렘에서 여리고로 내려가던 한 여행객이 강도를 만나 거의 죽게 되었을 때 제사장과 레위인은 못 본 척 그를 버려두고 그냥 지나갑니다. 당시 제사장과 레위인은 유대사회를 이끌던 중심인물들입니다. 그러나 그 후로 한 사마리아 사람이 지나가다가 죽어가는 여행객을 자기 나귀에 싣고 여관까지 와서는 비용까지 대신 내 주면서 치료해 줍니다. 그 당시 사마리아인들은 유대 사회에서 개처럼 냉대 받던 가장자리 인간들입니다. 우리는 제사장이나 레위인같이 그 사회에서 있으나 마나한 사람들이 되어서는 안 됩니다. 강도같이 주위에 해를 끼치는 사람이 되어서는 더욱이나 안 됩니다. 우리 이민자들은 비록 선한 사마리아 사람처럼 주변인들이지만 이웃에게 치유와 도움을 주는 사람들이 되어야 합니다.

영적으로 죽어가는 영혼들에게 관심을 가지고 시간과 물질을 사용하는 사람이 되어야 합니다. 그러면 우리는 더 이상 가장자리 인간들이 아니라 이 땅에서 꼭 필요한 주역으로 살게 될 것입니다.

사랑하는 이민자 여러분, 장기적인 경기침체가 이제 안정기로 들어가는 지표들이 나타나기 시작했다고는 하지만, 주변인간인 우리 한인들에게는 아직 피부에 와 닿지 않습니다. 많은 분들이 아직 힘든 하루하루를 보내고 있지만 빛처럼 소금처럼 섬김의 삶을 사시면서 가장자리 인간이 아닌 이 땅의 주역들로 살아가시기 바랍니다. 예수님도 말구유에서 태어나시고 십자가에서 돌아가시는 주변인에 지나지 않으셨지만 섬김의 삶을 사셨습니다.

"인자가 온 것은 섬김을 받으려 함이 아니라 도리어 섬기려 하고 자기 목숨을 많은 사람의 대속물로 주려 함이니라."
마태복음 20장의 말씀입니다. (28절)

경점 같은 인생

2012. 6. 17.

저는 목회자로서 임종이 다가오는 교인들을 종종 대하게 됩니다. 이런 분들의 공통점은 결코 이 땅의 성공이나 출세에 연연하지 않는다는 것입니다. 이 땅의 모든 것은 하나님의 손에 달려 있음을 고백하면서 세상의 쾌락이나 성공은 풀의 꽃 같이 잠깐 보이다가 없어지는 안개 같다고 말씀하십니다. 혹 다시 건강하게 되어 생명이 연장된다고 하면 하나님의 영광을 위하여 무슨 일이든지 할 자세가 되어 있습니다. 죽으면 천국 가게 됨을 감사하면서 전도하며 남은 생애를 살고 싶어 하십니다. 지나간 인생을 생각해 보면 얼마나 빨리 지나갔는지 아주 짧은 순간에 불과하다고 말씀하십니다.

모세는 120년 동안 살면서 애굽의 왕자로서 최고의 교육을 받으며 인생의 높은 부분도 지내어 보았고, 도망자의 신분으로 광야의 목동이 되어 한없이 낮아진 삶도 살아 보았습니다. 또한 이스라엘 백성들의 가장 위대한 지도자의 길도 걸어 보았습니다. 그는 높고 낮은 모든 삶을 경험한 후에, 인생을 홍수에 쓸려가듯 모든 것이 순식간에 사라지는 것이라고 정의하고 있습니다.

모세는 또한 인생을 밤의 한 경점과 같다고 표현합니다. 지금은 집집마다 시계가 있고, 휴대전화에도 시각이 나오기 때문에 밤에도 정확한 시간을 알 수가 있습니다. 그러나 조선시대에는 낮에는 해의 위치로 시간을 대충 가늠하지만 밤에는 시간을 알 수가 없었습니다. 그래서 밤이 되면 시각을 알리는 수단으로 북과 징을 울렸습니다. 그 당시 하룻밤을 다섯 경으로 나누었습니다. 요즘으로 하면 한 경이 두 시간 정도가 되는데 경이 바뀔 때마다 큰 북을 두드렸습니다. 그리고 경마다 다섯 개의 점으로 나누어서 점을 지날 때마다 징을 쳐서 시각을 알렸습니다. 경점을 정하여 밤새 북소리와 징소리를 울리면서 규칙적인 시간생활을 하였던 선조들의 지혜를 엿볼 수 있습니다. 그런데 모세는 우리 인생들이 겪는 천년의 세월이 하나님 앞에서는 지난 어제의 한 경점에 불과하다고 합니다. 북소리와 징소리처럼 순간적으로 지나가는 인생 같기에 그는 이렇게 노래합니다.

주의 목전에는 천 년이 지나간 어제 같으며 밤의 한 순간 같을 뿐임이니이다.

주께서 그들을 홍수처럼 쓸어 가시나이다. 그들은 잠깐 자는 것 같으며 아침에 돋는 풀 같으니이다. (시 90 : 4-5)

제가 학생시절에 007 영화를 즐겨 보았었습니다. 기억은 희미하지만 제임스 본드가 핵시설이 연결되어 있는 시한폭탄을 만지는 장면이었던 것 같습니다. 악당이 스위치를 작동 시키자 5분이라는 시간이 나타납니다. 폭파되는 남은 시간입니다. 제임스 본드는 악당과 싸우느라 또 다시 몇 분을 소모합니다. 그리고 시간은 계속 줄어듭니다. 1초 1초가 얼마나 귀한 시간인지 모릅니다. 남은 시간 동안 조심스럽게 시한폭탄 장치를 제거하다가 결국 성공하게 되는데 폭발 7초를 남기고 계기판이 007이 되면서 시계가 딱 멈춰 섭니다.

종말적 신앙을 가지고 남은 시간을 세면서 철저하게 아끼며 사용하는 사람이 지혜자입니다. 우리의 인생이 한없이 길게 계속될 것이라고 생각하는 사람은 시간을 아끼거나 최선을 다하여 노력하지 않습니다. 그러나 풀 같은 인생, 티끌 같은 인생, 안개 같은 인생, 홍수에 쓸려가는 인생으로 본다면 우리는 남은 날 수를 헤아리듯 지혜롭게 시간을 사용하게 될 것입니다. 인생의 남은 시간을 카운트 다운 하시면서 지혜자가 되시기 바랍니다.

"우리의 연수가 칠십이요 강건하면 팔십이라도 그 연수의 자랑은 수고와 슬픔뿐이요, 신속히 가니 우리가 날아가나이다.
우리에게 우리 날 계수함을 가르치사 지혜로운 마음을 얻게 하소서."
시편 90편의 말씀입니다. (10, 12절)

성도의 업그레이드

2012. 6. 24.

4년 전에 오바마가 대통령에 당선되어 워싱턴(Washington D.C.)으로 이사간 지 며칠 되지 않았을 때 백악관 주위에 눈이 2인치가 내렸다고 합니다. 그러자 학교가 휴교를 하여서 오바마 대통령의 두 딸들이 학교를 가지 않았습니다. 시카고의 엄청난 눈과 추위에 단련된 오바마로서는 겨우 2인치의 눈에 학교가 문을 닫는다는 사실이 이해가 되지 않았습니다. 오바마는 그 때 D.C.의 교육청을 향하여 “매서운 추위를 이기는 시카고를 배워야 한다.”고 말했다고 합니다. 사실 저희 교회 주차장에도 눈이 2인치가 넘게 와야 눈 치우는 트럭이 와서 눈을 밀어 줍니다. 2인치의 눈은 눈으로 취급하지도 않습니다. 많은 눈을 경험하다보니 눈을 이기는 능력이 강해졌기 때문입니다.

성도들은 훈련을 통하여 성숙됩니다. 능력이 업그레이드(upgrade) 됩니다. 높은 수준의 훈련을 거치면 반드시 강해지게 됩니다. 신앙생활도 고난이라는 훈련을 통하여 수준이 높아집니다. 예레미야 선지자가 하나님의 심판에 대한 예언을 하자, 자기 고향 아나돗 사람들이 예레미야를 심하게 핍박하였습니다. 하나님의 심판에 대하여 경고하는 것이 듣기 싫어진 고향 사람들은 "그 나무와 과실을 함께 박멸하자."고 말합니다. 이는 곧 예레미야를 죽여서 아예 예언을 하지 못하도록 하자는 것이었습니다. 나무와 과실을 한꺼번에 없애자는 말에 예레미야는 질식할 것 같았습니다. 그래서 예레미야는 악하고 패역한 저 백성들이 어떻게 저렇게 잘 사느냐고 하나님께 질문하였습니다. 그러자 하나님께서 대답하시기를 "마라톤 하는 사람들과 달려서 지친다면 그보다 훨씬 빠른 말과 어떻게 경주를 하겠느냐? 치안이 잘 되어있는 편안한 성 안에서만 살아서야 짐승들이 득실거리는 요단강 가의 수풀 속에서는 어떻게 견디어 내겠느냐?"고 말씀하셨습니다. 변두리에 속하는 아나돗 사람들과 상대하는 것 정도가 아닌 예루살렘 성안의 사람들과 싸워 이기려면 더욱 연단되고 성숙되어야 한다는 뜻입니다. 성도들은 보다 강도 높은 훈련을 통하여 업그레이드 되어야 합니다. 성장해야 합니다.

독수리는 높은 절벽 위에 둥지를 짓는데 보통 가시가 삐죽이 나있는 아카시아 나무로 둥지 아래를 깐다고 합니다. 그 위에 토끼 가죽을 덮고 그 위에 보드라운 짚들을 깝니다. 제일 위에는 어미 독수리의 가슴 솜털을 깔아서 둥우리를 완성합니다. 어미 독수리는 열심히 먹이를 물어다 아기 독수리를 키우다가 어느 정도 자라면 둥지 속의 토끼 가죽을 뽑아 버립니다. 그러면 아카시아 나무의 가시가 나와서 어린 독수리들을 찌릅니다. 그래도 둥지에 붙어 있으려고 바둥거리는 새끼 독수리를 어미는 밀어서 떨어뜨립니다. 절벽 아래로 떨어지면서 새끼 독수리는 죽는다고 소리치면서 날개 짓을 합니다. 그리고 땅에 닿으려는 순간 어미 독수리는 쏜살같이 내려와 새끼 독수리를 등에 업고 다시 하늘 높이 올라가 떨어뜨리기를 반복하면서 훈련합니다. 그러는 동안 새끼 독수리는 강인한 날개의 독수리로 성장하게 됩니다. 이 이야기는 모세가 이스라엘 백성들에게 유언처럼 남긴 신명기의 이야기인데 이렇게 쓰고 있습니다.

"여호와께서 그를 황무지에서, 짐승이 부르짖는 광야에서 만나시고 호위하시며 보호하시며 자기의 눈동자 같이 지키셨도다. 마치 독수리가 자기의 보금자리를 어지럽게 하며 자기의 새끼 위에 너풀거리며 그의 날개를 펴서 새끼를 받으며 그의 날개 위에 그것을 업는 것 같이 여호와께서 홀로 그를 인도하셨고 그와 함께 한 다른 신이 없었도다." (신명기 32 : 10-12)

보금자리를 어지럽게 하여 둥지에서 떨어뜨리면서 강인한 훈련을 하는 것이 눈동자처럼 보호하시는 하나님의 손길임을 알아야 합니다. 이것은 기르시는 과정이기 때문입니다.

사랑하는 성도 여러분, 불경기로 경제적으로 무척 힘들고, 여러 가지 고난이 닥쳐오지만 이런 어려움을 잘 견디면서 더욱 업그레이드 되시기 바랍니다. 하나님은 여러분을 사랑하시고 강인한 독수리로 성장시키고 계시기 때문입니다.

"만일 네가 보행자와 함께 달려도 피곤하면 어찌 능히 말과 경주하겠느냐? 네가 평안한 땅에서는 무사하려니와 요단 강 물이 넘칠 때에는 어찌하겠느냐?"

예레미야 12장의 말씀입니다. (5절)

제 7 장

경기 종료 1분 전

재림의 날짜

하늘나라 시민권자

감사를 찾아봅시다

불 시험을 즐거워하라

사명자에게 힘을 주십니다

혼자가 아닙니다

경기 종료 1분 전

2012. 8. 19.

금년 런던 올림픽의 축구에서 금메달보다 귀한 동메달을 땄습니다. 상대방이 일본팀이었기에 한국 축구선수들은 모든 국민들의 마음을 시원하게 해 주었습니다. 이번에 동메달을 따게 되면서 이들은 성과에 따라 4,000만원에서 7,000만원까지의 포상금이 주어집니다. 그러나 이런 상금과는 비교도 되지 않는 훨씬 귀한 혜택이 있는데 군 입대를 면제 받는 것입니다.

1년 몸값이 수억 원 이상 되는 이들 축구선수들에게 무엇보다 매력 있는 혜택입니다. 올림픽 같은 국제대회에 개인이 출전하여 동메달을 따면 당연히 군 면제를 받지만 축구 같은 단체전일 경우 1분 이상 경기에 참여한 선수들만 군 입대를 면제해 준다는 병무청의 유권해석이 있습니다. 이번 올림픽 축구를 위해 18명의 대표선수를 확정한 후 이들은 모두 열심히 훈련하고 뛰었습니다. 이들 중에는 11명의 선발 선수들이 부상당할 경우나 작전상 교체하기 위하여 벤치에서 기다리는 선수들도 여럿 있는데 그중에 김기희 선수가 유일하게 한 번도 경기에 출전하지 못하였습니다. 마지막 일본과의 경기에서 2-0으로 이기고 있던 홍명보 감독은 후반전 종료 1분을 남기고 선수를 교체하였습니다. 공격수 구자철을 빼고 수비수 김기희 선수를 넣었는데, 구자철 선수가 컨디션이 좋지 않다거나, 김기희 선수가 들어가야 경기가 풀릴 수 있기 때문이 아닙니다. 그 순간 홍 감독이 승리를 확신했다는 의미도 있지만, 함께 땀을 흘린 선수에 대한 배려로 보입니다. 김기희 선수는 후반 1분과 추가시간 3분을 보태 실제로 4분간 경기에 참전하였습니다. 막판 교체투입으로 김기희는 동료 선수들과 함께 병역 혜택과 축구협회에서 지급하는 동메달 포상금도 받게 되었습니다. 여러 경기에 계속 출전하여 90분을 뛴 선수에게나 마지막 경기 종료 1분 전에 참석한 선수에게나 병역혜택은 똑 같이 주어졌습니다.

예수님께서 천국에 들어갈 사람에 대한 교훈을 위하여 이런 이야기를 들려 주셨습니다. 그 당시 포도원에서 추수할 때가 되면 짧은 기간에 모든 수확을 해야 하기에 일군들이 많이 필요하였습니다. 그래서 주인들이 품꾼을 구하러 다니기도 하였습니다. 한 주인이 아침 일찍 품꾼들이 모이는 곳에 가서 사람들을 만나 하루 일당인 한 데나리온 주기로 하고 자기 포도원으로 들여보냈습니다. 오전 9시에도 장터에서 품꾼들을 만나 포도원에 보냈습니다. 그리고 낮 12시에도, 오후 3시에도 또 다른 인력시장에서 품꾼들을 모아 포도원으로 보내었습니다. 그런데 오후 5시에 또 다른 곳에서 하루 종일 일할 곳을 찾지 못하고 기다리던 사람들을 만나게 되자 주인은 그 사람들도 포도원에 보냈습니다. 그리고 한 두 시간 후에 해가 지자 하루 일당들을 나누어 주었습니다. 마지막 오후

5시에 들어와 잠깐 동안 일한 사람에게 하루 일당인 한 데나리온을 주었습니다. 그러자 먼저 온 사람들이 더 받을 줄 기대하였는데 똑 같이 계약대로 한 데나리온 씩 받았습니다. 하나님은 공평하신 분인데 이 이야기를 읽을 때마다 인간적인 관점에서 결코 공평해 보이지 않습니다. 이 이야기는 믿음에 대한 설명으로 해석해야 합니다. 예수님께서 우리 인간들을 구원하시기 위하여 십자가 형틀이라는 엄청난 대가를 치르셨습니다. 예수님이 죄인의 몸으로 돌아가시면서 천국 가는 길을 마련해 주셨습니다. 이 사실을 믿는 사람은 남자이든지 여자이든지, 직업이 어떠하든지, 과거에 어떤 삶을 살았든지, 젊었든지 노인이든지 상관없이 누구나 구원을 받게 됩니다. 자기가 세상에서 얼마나 많은 일을 하였는지는 상관이 없습니다. 아침 일찍 포도원에 들어와 하루 종일 일한 사람이나, 늦은 오후에 들어와 한 시간만 일한 사람이 똑같이 한 데나리온 곧 천국 들어갈 수 있는 자격을 얻은 것과 마찬가지입니다. 우리가 일찍 예수님을 믿게 된 것도 보배로운 믿음을 주신 하나님의 은혜이고, 늦게 믿게 되어도 보배로운 믿음을 주신 하나님의 은혜일 뿐입니다. 우리의 공로는 없습니다.

이번에 4명의 수비수를 제치고 개인기로 골을 넣은 박주영 선수나 마지막 골을 넣은 구자철 선수는 이른 아침에 포도원에 들어온 품꾼과 같습니다. 마지막 1분을 남기고 들어와 뛰었던 김기희 선수는 해지기 직전에 들어와 일한 품꾼입니다. 일찍부터 뛴 선수도 군 면제를 받았고, 계속 벤치만 지키다가 마지막 1분을 남겨두고 들어온 김기희 선수도 군 면제를 받았습니다.

포상금에 차이가 있듯이 천국에 가면 일한 수고에 따라 상급이 다르겠지만 일단 군 면제라는 가장 중요한 혜택 곧 천국에 들어가는 자격은 똑 같습니다. 우리의 공로에 상관없이 예수님을 믿음으로 영생을 받게 됩니다.

> "하나님이 세상을 이처럼 사랑하사 독생자를 주셨으니 이는 그를 믿는 자마다 멸망하지 않고 영생을 얻게 하려 하심이라."
> 요한복음 3장의 말씀입니다. (16절)

재림의 날짜

2012. 11. 4.

꼭 20년 전 한국은 세계 뉴스의 중심에 있었습니다. '다가올 미래를 대비하라'는 뜻의 다미선교회에서 1992년 10월 28일 자정에 다미에 속한 성도들이 휴거한다고 계속 외치면서 모든 것을 정리하고 기다리라고 하였습니다. 일반 교회에서는 이단에 현혹되지 말라고 교인들을 설득했지만 다미선교회에 넘어가는 성도들이 늘어나기 시작했습니다. 당시 재림 날짜를 정한 시한부 종말론 때문에 많은 가정이 이혼하고, 학업을 중단하고, 직장을 그만 두었습니다. 아기를 가진 엄마 중에 낙태한 사람도 있었고, 심지어 자살한 여자도 있었습니다. 10월 28일 자정이 임박하자 다미선교회의 155개 지교회에서 8,200명의 신도들이 흰옷을 입고 휴거를 기다렸습니다. 당시 다미선교회의 해외지부가 90여 곳이나 되었는데 시카고에도 로렌스 거리 근처에도 그 지부가 있어서 휴거를 기다렸습니다. 한국 뿐 아니라 시카고 지부에도 미국인 TV 방송국에서 나와서 이들을 취재하였습니다. 결국 이들이 말하던 종말 시간인 밤 12를 넘기면서 아무 일도 일어나지 않자 시한부 종말론을 믿던 성도들의 허탈감은 이루 말할 수 없었습니다.

그 후 다미선교회를 이끌던 이장림 목사는 징역 1년을 살고 나온 후 사람답게 살자는 의미로 '이답게'로 개명하고 지금 목회를 하고 있지만 더 이상 시한부 종말론이 있어선 안 된다고 주장하고 있습니다. 당시 어린 선지자로 알려진 하방익 씨도 회개하고 정식 신학교를 졸업한 후 지금 경기도 하남시에서 목회를 하고 있으면서 이단 사이비 연구대책협의회 전문 연구위원으로 봉사하고 있습니다.

신천지에서도 성경을 지극히 잘못 해석하여 영적인 숫자인 144,000명의 신천지 교인수가 차면 종말이 오고 신천지 성도들은 순교한 영혼과 하나가 되어 시공을 초월해 날아다닐 휴거를 기대하고 있는데 막상 아무 일이 없을 때 이들에게 오는 정신적인 충격이 클 것입니다. 그럴 경우 이들은 분명히 다른 변명으로 신천지에 빠진 교인들을 속일 것입니다.

이단들은 예수님의 재림에 대하여 계속 주장하였다가 틀리면 말 바꾸는 일을 지난 2,000년 동안 해 왔습니다. 왜냐하면 사탄은 거짓의 아비이기 때문입니다. 사탄은 이단들을 통하여 주님의 재림을 왜곡하려고 합니다. 성경에는 분명히 예수님의 재림 날짜를 절대로 알 수 없다고 하는데 재림 날짜를 특정하는 잘못을 범합니다. "그 날과 그 때는 아무도 모르나니 하늘의 천사들도, 아들도 모르고 오직 아버지만 아시느니라." (마태 24 : 36) 라고 성경은 말씀하고 있습니다.

또한 이단들 중에 몇 번 재림 날짜를 발표하였다가 틀려지게 되자 몇 몇 지도자들만 알 수 있도록 영적으로 재림하였다고 주장하기도 하였습니다. 그러나 성경은 주님이 재림하실 때 큰 변화와 함께 오시기 때문에 세상의 모든 사람들이 알 수 있도록 오신다고 말씀하고 있습니다. 곧 하늘의 해와 달이 빛을 잃고, 하늘의 별들이 흔들릴 만큼 우주적인 큰 권능으로 주님이 오시기에 모든 사람들이 알 수밖에 없습니다. 이 일이 사람에게는 불가능하지만 천지를 지으신 하나님께는 절대로 어려운 일이 아닙니다. 그러기에 우주의 질서를 흔드시고 새 하늘과 새 땅을 만드실 수가 있습니다. 주님이 오시는 날 하늘이 큰 소리로 떠나간다고 성경은 말씀하고 있습니다.

바로 옆에서 대포 쏘는 소리 들어본 적 있으십니까? 지난 주에 저희 교회 어른들을 모시고 스프링필드에 여행을 다녀왔습니다. 링컨 박물관(Lincoln Museum) 속에 유니온 극장이라는 영화관이 있는데 노예들에게 자유를 주기 위한 북군과 남군의 전쟁 장면이 나옵니다. 갑자기 스크린에 포들이 나타나면서 큰 대포소리가 났습니다. 소리도 엄청나게 컸지만 앉아있던 의자가 부르르 떨려서 깜짝 놀랐습니다. 이런 체험의 천 배, 만 배 쯤 큰 소리라고 상상하면 될 것 같습니다.

사랑하는 여러분, 우리가 알지 못하는 날 주님은 반드시 다시 오십니다. 그 때까지 성결한 하나님의 자녀로 맡은 일에 충성하며 살아가십시다.

> **"그 날 환난 후에 즉시 해가 어두워지며, 달이 빛을 내지 아니하며, 별들이 하늘에서 떨어지며, 하늘의 권능들이 흔들리리라. 그 때에 인자의 징조가 하늘에서 보이겠고, 그 때에 땅의 모든 족속들이 통곡하며, 그들이 인자가 구름을 타고 능력과 큰 영광으로 오는 것을 보리라."**
> 마태복음 24장의 말씀입니다. (29, 30절)

하늘나라 시민권자

2012. 7. 1.

29년 전인 1983년에 한국의 인구는 4,000만 명이었습니다. 그리고 지난 토요일에 서울 묵정동 제일병원에서 한 아기가 태어나면서 5,000만 명을 돌파하였습니다. 세계적으로 선진 강대국을 표현하기 위해 '20-50 클럽' 이라는 것이 있습니다. 1인당 국민소득 2만 달러에 인구 5,000만 명 이상인 나라라는 뜻입니다. 국민소득 2만 달러 이상이 될 때 경제적으로 윤택한 선진국이 될 수 있고, 인구 5천만 명 이상이 될 때 외국의 침략으로부터 스스로를 지킬 수 있는 강대국이 될 수 있기에 '20-50 클럽' 지위는 선진 강대국을 의미합니다. 우리나라가 미국·일본·프랑스·이탈리아·독일·영국에 이어 세계에서 일곱 번째로 '20-50 클럽에 가입하게 되면서 명실 공히 선진강대국이 되었습니다.

우리 조국이 선진 강대국이 되었기에 미국의 여러 이민자들 가운데서도 우리 한인들의 어깨에 왠지 힘이 들어갑니다. 멕시칸이나 동남아

이민자들보다 괜히 힘이 있어 보이고 1등 국민이 된 기분이 드는 것은 조국이 선진강대국이기 때문입니다. 그런데, 비록 우리나라가 5천만 인구와 함께 군사력 세계 6위를 자랑하는 선진 강대국이 되었지만 핵 위협을 일삼는 이북 때문에 항상 긴장하며 살아야 합니다. 또한 한국의 저출산율 때문에 33년이 지나면 다시 5,000만 명 이하로 떨어지게 될 전망이어서 한국의 선진 강대국 지위는 현재 33년간의 시한부입니다.

그러나 영원히 약해지지 않는 진정한 선진 강대국의 국민이 있다면 당연히 하늘나라의 시민권자들입니다. 예수님이 나의 죄를 대신하여 십자가상에서 돌아가심을 믿는 믿음으로 사는 사람들을 성도라고 부릅니다. 이런 성도들은 하늘나라에 들어갈 자격을 받았기에 하늘나라의 시민권자들입니다. 그래서 미국에 살고 있는 우리 한인 성도들의 바른 정체성은 Korean American Christian(한인계 미국민 성도)입니다. 이 세 가지 정체성을 인정할 때 우리는 하늘의 시민권자들로서 현재 당하고 있는 역경이나 억울함 속에서도 절망하지 않을 수 있습니다.

한국에서 가수로, 배우로, 사업가로 성공한 사람이 있습니다. 1988년 강변가요제 금상으로 데뷔한 가수 이상우 씨는 「그녀를 만나는 곳 100미터 전」·「슬픈 그림 같은 사랑」 등의 곡을 히트시켰습니다. 그리고 IT 벤처사업, 패션 비즈니스 사업 등을 성공적으로 이끌었고, 엔터테인먼트 사업도 하였는데 배우 한가인과 장나라를 스타로 키워낸 장본인입니다.

이상우 씨는 대대로 불교 집안에서 태어났습니다. 그런데 작은 누나가 철저한 크리스천이 되어 교회 나가기 시작하면서 주일 아침만 되면 누나는 아버지에게 큰 핍박을 받았습니다. 그런 고난 중에도 기쁨이 넘치는 누나 때문에 이상우 씨도 어려서부터 교회에 가끔 다녔지만 전혀 믿음이 없었습니다. 그래서 하나님께서 그의 아들을 사용하셨습니다.

큰아들 승훈이가 자라면서 듣는 것은 정상인데 전혀 말을 하지 못합니다. 결국 승훈이가 만 세 살이 되었을 때 자폐증이 있는 발달장애인 진단을 받았습니다. 장애인 판정을 받은 후 4개월 동안 그는 술로 살았습니다. 나중에 아이를 초등학교에 보내기 위해 학교를 알아보다가 수원에 있는 한 교회의 부설사립학교가 너무 좋아서 그 학교에 보내기로 하였습니다. 그러나 아이의 입학자격을 위해서는 그 아빠가 그 교회의 출석교인이어야 한다고 하여 서울에서 수원까지, 매주일 그리고 매 금요일마다 출석하게 되었습니다. 억지로 교회에 나가다가 이왕이면 다른 성도들처럼 기쁨으로 신앙생활을 하고 싶어져서 열심히 성경공부와 기도생활에 힘쓰게 되었습니다. 그는 감사와 기쁨이 하나 둘 삶에서 나타나기 시작하다가 어느 날 드디어 예수님을 만나게 되었습니다. 이상우 씨는 자폐증 아들 때문에 하나님을 만나게 되었기에 이 땅에서 아들로 인한 고통 보다는 하늘나라의 시민으로서 아들에게 늘 고맙게 생각하며 살고 있습니다.

히브리서 11장을 '믿음장'이라고 부릅니다. 많은 믿음의 선진들이 열거되어 있기 때문입니다. 그런데 이 믿음의 사람들 곧 하늘나라의 시민권자들은 모두 나그네라는 자신의 정체성을 따라 살았습니다. 이 땅에 영주할 사람이 아니라 본향인 하늘나라를 향해 가는 나그네로 살았기에 고난과 역경 가운데서도 세상이 감당할 수 없는 능력의 삶을 살 수 있었습니다.

> "이 사람들은 다 믿음을 따라 죽었으며 약속을 받지 못하였으되, 그것들을 멀리서 보고 환영하며 또 땅에서는 외국인과 나그네임을 증언하였으니 그들이 이같이 말하는 것은 자기들이 본향 찾는 자임을 나타냄이라."
> 히브리서 11장의 말씀입니다. (13, 14절)

감사를 찾아봅시다

2011. 5. 22.

탈무드에 이런 이야기가 나옵니다. 한 가난한 사람이 길을 가다가 가방 한 개를 주웠습니다. 열어보니 100만 불의 현찰이 들어 있었습니다. 돈 쓸 일도 많았지만 일단 가방을 집에 갖다 두고 회당에 예배를 드리러 갔습니다. 랍비가 광고 시간에 한 신도가 돈 가방을 잃었으니 찾으면 돌려 달라는 광고를 하였습니다. 잠깐의 탐심이 들었던 잘못을 뉘우치면서 이 사람은 가방을 주인에게 돌려주었습니다. 그런데 돈 가방의 주인이 보상금을 주지 않았습니다. 이유는 자기가 돈 가방에 200만 불을 넣어 두었는데 가방을 주운 사람이 100만 불을 이미 챙겼기 때문이라는 것이었습니다. 그래서 두 사람은 결국 이 사건의 해결을 랍비에게 부탁하였습니다. 랍비가 가방 주인에게 묻습니다.

"당신은 분명히 가방에 200만 불을 넣었습니까?"

"예."라고 대답하자 랍비는

“당신이 하나님 앞에서 한 이 말이 진실이라고 나는 믿습니다.”라고 말합니다. 그리고는 이번에는 가방을 주운 사람에게 묻습니다.

“당신이 주운 가방에는 분명히 100만 불 밖에 없었습니까?”

역시 “예.”라고 대답하자 랍비는 말합니다.

“당신이 하나님 앞에서 한 말이 나는 진실이라고 믿습니다. 이제 판결하겠습니다. 당신이 주운 이 가방은 이 사람이 잃었다는 200만 불이 든 돈가방이 아닙니다. 그러니 주인이 나타날 때까지 당신은 이 돈을 써도 좋습니다.”

감사하지 않으면 모든 것을 잃을 수도 있다는 것을 교훈하는 이야기입니다.

온 몸의 근육이 굳어가는 루게릭이라는 무서운 병이 있습니다. 미국 메이저 리그의 루게릭 선수가 앓았던 병이요, 영국의 물리학자 호킹 박사가 앓고 있는 병이기도 합니다. 정신과 신경은 멀쩡한데 온 몸의 근육이 서서히 굳어져서 결국 숨 쉬는 것조차도 인공호흡기의 도움을 받아야 살 수 있는 병입니다. 24시간 간병하는 사람도 힘들지만 환자 자신의 고통은 이루 말할 수 없습니다. 한 기자가 루게릭 환자의 고통을 체험하기 위하여 꼼짝하지 않고 누워 있어 보았습니다. 장시간 누워있다 보니 코끝이 먼지로 인해 가렵기 시작하였습니다. 그러나 손을 움직이지 않고 참았습니다. 참다 보니 호흡이 거칠어지고 맥박이 빨라지기 시작합니다. “참자, 참자.”를 수없이 되뇌이면서 참다가 결국 일어났습니다. 장시간의 가려움을 참았다고 생각하면서 시계를 보았더니 불과 15분이 지났을 뿐이었습니다.

성경에 루게릭 환자처럼 엄청난 고통 가운데 살던 사람들이 소개되고 있는데 문둥병자들입니다. 이들은 정상인들과 격리되어 동네 밖에서 살아야 했습니다. 그나마 경제적으로 여유가 있는 가정에서는 음식을 지정된 곳에 갖다 두면 문둥병 환자가 와서 가지고 가서 연명하곤 하였습니다. 그러나 먹을 것이 부족했던 당시의 많은 가정에서는 아직 살아있는 문둥병 환자를 아예 장례식까지 치루고 인연을 끊고 살았습니다. 이들은 사회적으로 또한 가정적으로 완전히 소외되어 살았습니다. 예수님께서 사마리아 지역과 갈릴리 지역 사이를 지나가실 때 열 명의 문둥병 환자들을 만나셨습니다. 이들은 병을 잘 고치신다는 예수님이 지나간다는 소식을 듣고는 자기들을 긍휼이 여겨 달라고 소리 지릅니다. 예수님께서는 이 환자들을 제사장에게로 보냅니다. 제사장만이 문둥병 환자들의 완치증명서를 써 줄 수 있었기 때문입니다. 이들이 제사장에게 가는 길에서 정말 자신들의 병이 낫는 것을 보게 됩니다. 놀란 환자들 중에 아홉 명은 너무 좋아서 자기들의 갈 곳으로 갑니다. 그런데 한 사람만이 예수님께 돌아와 감사를 드립니다. 그러자 주님께서는 이 환자에게 이 땅에서의 건강뿐 아니라 영원한 세월을 천국에서 살 수 있도록 구원의 선물을 주셨습니다.

사랑하는 여러분, 촛불에 감사하면 달빛만큼 감사할 일을 많이 주십니다. 달빛에 감사하는 사람들에게는 햇빛만큼 감사할 일을 많이 주십니다. 다른 사람과 비교하여 내게 없는 것을 불평하기 보다는 나에게 주어진 아름다운 일들을 감사하며 사시기 바랍니다.

> "열 사람이 다 깨끗함을 받지 아니하였느냐? 그 아홉은 어디 있느냐? 이 이방인 외에는 하나님께 영광을 돌리러 돌아온 자가 없느냐?"
> 누가복음 17장의 말씀입니다. (17, 18절)

불 시험을 즐거워하라

2012. 8. 12.

미국의 인기 있는 크루즈 여행 코스로는 단연 여름철 알래스카 여행이 손꼽힙니다. 빙하가 조금씩 녹다가 거대한 빙벽이 굉음을 내면서 무너지는 광경을 본 사람들은 한결 같이 감탄합니다. 이렇게 아름다운 땅을 미국인들이 즐길 수 있도록 만든 사람은 윌리엄 스워드 씨입니다. 그렇지만 그는 미국인들에게 가장 많은 비난을 받은 사람이기도 합니다. 18세기 초, 러시아의 피터 대제 1세의 명령을 받은 베링(Bering)은 알래스카를 탐험하였고 알래스카에서 생산되는 모피가 러시아 궁정에서 크게 환영받게 되었습니다. 이때부터 러시아는 알래스카에 해군을 파견하여 관리하기 시작하였습니다. 그 당시 최대 해군 전함을 자랑하던 영국도 알래스카에 관심을 가지면서 미국 오리건 주에 기지를 세웠고, 탐험가 쿡 선장이 앵커리지 근방까지 답사하기도 하였습니다. 영국 해군이 알래스카로 진출하려 하자 러시아는 큰 부담이 되었습니다. 더구나 당시 러시아는 재정적인 형편마저 어려웠기에 미국에게 알래스카를 팔겠다는 의사를 내비쳤습니다. 그 때 미국의 국무장관이었던 윌리엄 스워드는 "이 땅이 지금 당장 우리에게 필요하지 않다. 이 땅은 우리를 위한 것이 아니고, 우리의 후손들을 위한 땅이다."라는 소신을 가지고 알래스카 매입을 강력하게 추진하였습니다. 결국 많은 반대에도 불구하고 1867년에 720만 달러에 알래스카를 인수하였는데, 이것은 1불에 50에이커씩을 산 가격입니다. 그러나 미국 국민들은 알래스카를 관리하기 위한 비용 등 부정적인 조건을 말하면서, 알래스카를 '윌리엄 스워드의 냉장고', '스워드의 북극곰 정원', '스워드의 어리석은 짓'이라고 비난하였습니다. 심지어 국무장관이 러시아로부터 뇌물을 받은 것이 아니냐는 말이 나올 정도로 시끄러웠습니다. 결국 스워드 국무장관은 이 일로 사임하게 되었고 얼마 후 세상을 떠났습니다. 그러나 알래스카를 구입한 지 30년 후부터 보물들이 발견되기 시작하였습니다. 알래스카의 한 섬에서 수확된 모피 가격만 해도 알래스카를 구입하기 위해 지불한 720만 달러의 7배에 달하는 액수로 거래되었습니다. 그 후 금광이 발견되었고, 또한 엄청난 양의 유전이 발견되면서 상상을 초월하는 경제적인 이득이 나타났습니다. 곧 이어 미국과 소련의 냉전 시대가 시작되면서 소련의 코앞에 미사일을 배치하는 군사 요충지가 되었습니다. 알래스카 바다에서 나오는 킹 크랩 등 수산물의 양도 엄청납니다. 이런 군사적, 경제적인 이득 뿐 아니라 관광객에게 큰 기쁨을 주는 알래스카를 구입했던 장본인인 스워드 국무장관은 그의 잘못 때문이 아니라 미국의 풍요로운 미래를 위하여 많은 비난을 받았던 것이라 할 수 있습니다.

세상에서 당하는 비난과 고난에는 두 가지 종류가 있는데 하나는 자신의 잘못으로 인하여 생기는 것이고, 다른 하나는 하나님의 영광을 위한 고난이 있습니다. 베드로 사도는 이런 고난을 이렇게 쓰고 있습니다.

"너희 중에 누구든지 살인이나 도둑질이나 악행이나 남의 일을 간섭하는 자로 고난을 받지 말려니와, 만일 그리스도인으로 고난을 받으면 부끄러워 하지 말고 도리어 그 이름으로 하나님께 영광을 돌리라." (베드로전서 4 : 15, 16)

한인세계선교대회를 위한 선교전야제가 지난달에 각 지역에서 모였습니다. 저희 교회가 속한 중부지역 모임에도 두 분의 선교사님이 선교간증을 하셨는데 먼저 인도에서 사역하는 김태숙 선교사님의 간증이 있었습니다. 남편 목사님과 함께 시크 교도들이 많이 모여 사는 동네에서 학원사역을 하였는데 5년 전에 목사님이 갑자기 교통사고로 돌아가셨습니다. 얼마나 큰 아픔이었겠습니까? 하나님 일을 한다고 하는데 그런 고통을 당하였습니다. 더구나 남편 목사님 한 사람만 바라보고 여름 기온이 섭씨50도가 넘는 이국땅에 와서 살았는데 갑자기 목사님이 소천 하였습니다. 그러나 그 사모님은 천국에서 만나게 될 목사님을 소망 중에 기다리면서 지금 더 크게 사역을 감당하고 있습니다. 그 날 함께 간증하던 키르키즈스탄의 장 선교사님 역시 선교지에서 아들을 하늘나라로 보내는 아픔을 겪었습니다. 이 분들은 하나님 일을 열심히 하겠다고 모든 것을 버리고 선교지로 왔는데 그런 아픔을 당하였습니다. 우리는 왜 이런 고통이 임하였는지 모르지만 분명한 것은 이런 고통에도 하나님께서 간섭하시고 계신다는 사실입니다.

네로 황제의 핍박으로 이해할 수 없는 고통을 당하던 유대인들이 후에 화형까지 당하게 되는데 이런 고통을 예견한 베드로는 이를 불 시험이라고 표현하였습니다. 그러면서 이런 불 시험을 잘 견디면 더욱 연단된 도구로 사용하시면서 아름다운 하늘상급으로 복 주시겠다고 약속하십니다.

사랑하는 여러분, 견디기 힘든 불 시험을 당하고 계십니까? 그 안에 있는 하나님의 섭리를 믿으시면서 즐거움으로 감당하시기 바랍니다.

> "사랑하는 자들아 너희를 연단하려고 오는 불 시험을 이상한 일 당하는 것 같이 이상히 여기지 말고, 오히려 너희가 그리스도의 고난에 참여하는 것으로 즐거워하라. 이는 그의 영광을 나타내실 때에 너희로 즐거워하고 기뻐하게 하려 함이라."
>
> 베드로전서 4장의 말씀입니다. (12, 13절)

사명자에게 힘을 주십니다

2012. 10. 21.

시카고에 잘 알려지지 않았지만 의미 있는 작품이 하나 있습니다. 시카고 대학에 가면 원자폭탄 버섯구름 형상의 동상이 있는데 헨리 무어(Henry Moor)가 만든 「핵 에너지(Nuclear Energy)」라는 작품입니다. 이 동상은 엔리코 페르미(Enrico Fermi, 1901. 9. 29.-1954. 11. 28.) 라는 사람의 헌신을 기념하여 만들었습니다. 엔리코 페르미는 이탈리아 출신의 핵분야 물리학자로서 서른일곱 살 때인 1938년에 노벨 물리학상을 수상하게 되었습니다.

아내 로라가 유대인이었는데 무솔리니의 파시즘 정권의 박해가 점점 심해지자 그는 노벨상 수상을 위해 스톡홀름으로 갔다가 바로 미국으로 망명을 떠났습니다. 미국으로 이주한 후 명문 컬럼비아 대학교를 거쳐 시카고 대학교의 물리학 교수가 되었습니다. 1942년에 시카고 대학 지하실에서 세계 최초의 원자로인 '시카고 파일 1호'를 만들어 핵분열 실험에 성공하면서 플라토늄을 생산하기 시작하였습니다. 그 후 페르미는 미국의 원자 폭탄 개발을 위한 소위 '맨해튼 프로젝트'에서 중심적인 역할을 하였습니다.

페르미가 처음 자신의 조수 2명과 함께 핵분열 연구를 할 때 방사능이 인체에 유해한 것을 알았습니다. 방사능을 차단하는 특수한 옷이 없었기에 생명을 잃을 수도 있다는 것을 알았지만 페르미와 그의 조수들은 실험을 중단할 수가 없었습니다.

전쟁으로 인해 계속 수많은 군인들과 민간인들이 죽어가는 2차 대전을 끝내기 위해서는 원자폭탄 개발이 하루 바삐 필요하였기 때문입니다. 이들은 사명을 위해 생명의 위협을 무릅쓰고 연구를 계속하였습니다. 결국 1945년에 원자폭탄을 제조하여 일본 히로시마와 나가사키에 투하하게 되었고, 며칠 후 일본의 무조건 항복으로 2차 대전은 종결되었습니다. 우리 대한민국도 이 일로 갑자기 자유를 되찾게 되었습니다.

그러나, 원자로 곁에서 실험을 계속했던 세기의 물리학자 페르미는 53세를 일기로 암으로 세상을 떠났고, 그의 두 제자도 암으로 죽었습니다. 페르미는 사명을 위해 죽었지만 아직도 그의 이름은 사라지지 않았습니다. 지금 시카고 인근의 바타니아에는 그의 이름을 딴 '페르미 랩'이라는 입자 가속기 연구소가 있습니다. 세계적인 연구원 950명을 비롯하여 2,000명이 근무하고 있는데 자랑스럽게도 한국인 김영기 박사가 부원장을 맡고 있습니다.

페르미는 죽었지만 전쟁이 끝나게 되면서 수많은 사람들이 살아나게 되었습니다. 죽으면 죽으리라던 에스더가 생명을 던지며 사명을 감당했을 때 죽음의 두려움에 빠져 있던 많은 동족들이 새로운 생명을 회복하게 되었습니다. 우리 예수님께서 인간구원의 사명을 위해 십자가에 오르셨기에 전 세계 수많은 성도들이 복음의 길을 통하여 새 생명을 얻게 되었습니다.

사사시대에 삼손이 머리카락 7가닥을 밀었더니 엄청난 괴력이 사라졌습니다. 그 당시 사사들은 머리를 일곱 가닥으로 땋았다고 하니 삼손의 머리는 대머리가 된 셈입니다. 삼손의 힘이 없어진 이유가 머리카락을 다 밀리웠기 때문이라고도 하지만 헨리(Henry)나 매튜(Matthew) 같은 유명한 신학자들은 삼손이 자신의 사명을 잃어버리고 나실인의 비밀을 여자에게 말할 때 힘을 잃었다고 말합니다. 바른 지적입니다. 사명을 거부하게 되면 힘을 잃습니다. 하나님의 성도가 하나님을 기쁘게 하기 위한 목적을 상실하면 그는 연약한 존재로 전락합니다. 그러나 사명을 가진 자는 하나님께서 그 일을 감당할 힘을 주십니다. 삼손은 두 눈이 뽑히고 감옥에서 맷돌을 돌리는 비참한 사람이 되었지만 마지막으로 사명을 다시 회복하게 되었습니다.

블레셋인들이 큰 제사를 위해 다곤 신전에 가득히 모였습니다. 지붕에만 3,000명이 올라가 있었다고 하니 그 신전의 규모는 상당하였습니다. 그는 마지막으로 사명을 위하여 기도드린 후 그 신전의 주기둥을 두 팔로 붙잡고 무너뜨리자 그 신전에 가득했던 블레셋 귀족들이 모두 죽었습니다. 삼손이 평생 동안 죽였던 블레셋 사람들보다 그 날 죽은 사람이 더 많았다고 성경은 기록하고 있습니다.

페르미는 사명을 따라 죽었지만 지금도 그의 연구소는 계속되고 있습니다. 삼손은 죽었지만 지금도 그는 살아서 믿음장이라 불리는 히브리서 11장에 등장합니다. 우리 주 예수님은 사명을 위해 돌아가셨지만 사흘만에 살아나셔서 지금도 세상에 새 생명을 주고 계십니다. 사랑하는 여러분, 가정에서, 일터에서 사명자가 되시기 바랍니다. 우리가 해야 할 일을 감사하면서 감당할 때 하나님께서는 모든 일을 감당할 힘을 주십니다.

"사람이 감당할 시험 밖에는 너희가 당한 것이 없나니, 오직 하나님은 미쁘사 너희가 감당하지 못할 시험 당함을 허락하지 아니하시고, 시험 당할 즈음에 또한 피할 길을 내사 너희로 능히 감당하게 하시느니라." 고린도전서 10장의 말씀입니다. (13절)

혼자가 아닙니다

2012. 9. 23.

2010년 4월에 서울 서초동 가정법원 청사 소년법정에 한 소녀가 재판을 받기 위해 섰습니다. 당시 담당판사는 김귀옥 부장 판사였습니다. 16살 난 피고 소녀는 서울에서 친구들과 함께 오토바이 등을 훔쳐 달아난 혐의로 재판을 받게 되었는데 그녀는 이미 14건의 절도와 폭행으로 소년법정에 섰던 전력이 있었습니다. 법의 기준으로 볼 때 '소년보호시설 감호위탁' 같은 무거운 판결을 받을 것으로 예상되었습니다. 그러나 김귀옥 판사는 이날 A양에게 '법정에서 일어나 외치기'라는 이상한 처분을 내렸습니다. 김 판사가 다정한 목소리로 A양에게 일어나 자기를 따라 외쳐 보라고 하였습니다. 잔뜩 긴장한 소녀가 쭈뼛쭈뼛 일어나자 김 판사가 먼저 외쳤습니다.

"나는 세상에서 가장 멋지게 생겼다!"

갑작스러운 요구에 잠시 머뭇거리던 A양이 나직하게 "나는 세상에서……"하며 힘겹게 입을 떼었습니다. 그러자 판사는 소녀를 격려해 주면서 더욱 크게 따라 해 보라고 하였습니다.

"나는 무엇이든지 할 수 있다!"

판사가 소리치자 소녀도 함께 소리칩니다. "나는 무엇이든지 할 수 있다!" "나는 이 세상에 두려울 게 없다!"라고 하자 소녀도 "나는 이 세상에 두려울 게 없다!" 하고 소리칩니다.

"이 세상은 나 혼자가 아니다!"

"이 세상은 나 혼자가……" 큰 소리로 따라 하던 A양은 "이 세상은 나 혼자가 아니다!"라고 외치려다가 참았던 울음을 터뜨렸습니다.

철저하게 혼자가 되어 세상의 모든 짐을 혼자 지고 가려 하였던 인생의 무게가 이 말 한 마디에 모두 녹아내리는 듯 하였습니다.

김 판사는 이런 판결을 내린 이유를 설명하기 위해 그 소녀의 배경을 이야기하기 시작하였습니다.

"A양은 본래 반에서 상위권 성적을 유지하며 간호사를 꿈꾸던 발랄한 성격의 학생이었습니다. 그러나 작년 초, 남학생 여러 명에게 끌려가 집단폭행을 당하면서 그녀의 삶은 급속하게 바뀌었습니다. A양은 그 사건의 후유증으로 병원 치료를 받았고, 충격을 받은 어머니는 신체 일부가 마비되기까지 하였습니다. 심리적 고통과 죄책감에 시달리던 A양은 그 뒤 학교생활에 적응을 하지 못했고, 비행 청소년과 어울리면서 범행을 저지르기 시작하였습니다. 이 아이는 지금 가해자로 재판에 왔습니다. 그러나 이렇게 삶이 망가진 것을 알면 누가 이 소녀에게 가해자라고 쉽사리 말할 수 있겠습니까? 아이의 잘못이 있다면 자존감을 잃어버린 겁니다. 그러니 스스로 자존감을 찾게 하는 처분을 내려야 한다고 생각합니다." 눈시울이 붉어진 판사는 이미 눈물로 범벅이 된 소녀를 법대(法

臺) 앞으로 불러 세우고는 두 손을 쭉 뻗어 그 손을 꽉 잡았습니다.

"마음 같아선 꼭 안아주고 싶은데, 우리 사이를 법대가 가로막고 있어 이 정도밖에 못 해주겠구나."

법정에 있던 A양의 어머니도 펑펑 울었고, 재판 진행을 돕던 법정 관계자들과 방청객들의 눈시울도 빨개졌습니다.

"이 세상은 나 혼자가 아니다." 여운에 남는 말입니다.

절망의 순간에 우리에게 이렇게 말씀하시는 분이 계십니다. 바로 우리 하나님이십니다. 모든 성도들의 형편을 아시는 하나님께서는 그를 사랑하고 의지하는 자들을 보호하십니다. 다윗의 생애는 한 마디로 죽음과 생명이 종이 한 장 차이 같은 인생이었습니다. 파란만장한 그의 생애를 다윗은 이렇게 표현합니다.

"사망의 줄이 나를 얽고 불의의 창수가 나를 두렵게 하였으며 스올의 줄이 나를 두르고 사망의 올무가 내게 이르렀도다." (시편 18 : 4-5)

얼마나 힘들었는지 사망의 줄, 음부의 줄, 불의의 창수, 사망의 올무라고 표현합니다. 절망적인 단어들입니다. 장인이었던 사울 왕과 아들인 압살롬마저 자기를 향해 칼을 겨누었으니 다른 정적들이야 오죽하였겠습니까? 그러나 다윗은 일생 동안 혼자가 아니라 항상 동행하시면도 도와주신 하나님을 체험하였기에 이렇게 고백합니다.

> "나의 힘이신 여호와여, 내가 주를 사랑하나이다. 여호와는 나의 반석이시요, 나의 요새시요, 나를 건지시는 이시요, 나의 하나님이시요, 내가 그 안에 피할 나의 바위시요, 나의 방패시요, 나의 구원의 뿔이시요, 나의 산성이시로다."
>
> 시편 18편의 말씀입니다. (1, 2절)

제 8 장

확실한 방패

인생의 나침반

영원한 하늘나라의 열매

영향력 있는 사람

고난, 성숙의 과정

버리는 사람들

자라가는 천국

확실한 방패

2013. 1. 27.

제가 승선 생활을 할 때 선박에 화물을 적재하는 책임을 맡고 있었습니다. 운항을 하다 보면 가끔 화물을 싣지 않고 빈 배로 다음 항까지 가야할 경우가 생기기도 하는데 자동차와는 달리 빈 배를 몰고 가면 속력도 떨어지고 요동도 심합니다. 도리어 화물을 적당하게 실을 때 선박이 더욱 안전하고 빠르게 항해할 수 있기에 화물이 없을 경우 옛날 목선 시대에는 모래 주머니를 배 밑바닥에 싣고 다니기도 하였습니다. 물론 요즘 선박들은 선박 밑창이 2중으로 되어 있어서 그 속에 바닷물을 펌프로 잔뜩 싣고서 떠나게 되는데 이런 모래 주머니나 탱크의 물을 '발라스트' 라고 부릅니다. 우리의 인생 항로에도 바닥의 무게를 더해 주는 발라스트가 있어야 안전합니다. 그런데 많은 사람들이 우리를 안전하게 지켜 주는 발라스트가 권력이나 금력이라고 생각합니다. 그래서 돈이면 안 되는 것이 없다고 하기도 하고, 요즘은 돈이 없으면 되는 것이 없다고 말하기도 합니다.

믿음의 용장 다윗이 다사다난했던 자신의 과거를 돌아보면서 기도한 것이 시편 18편입니다. 다윗이 거인 골리앗을 쓰러뜨린 후 그의 길은 출세라기보다는 철저하게 쫓기면서 한시도 마음 놓을 수 없는 풍전등화 같은 생활을 하게 됩니다. 자기를 안전하게 지켜 줄 수 있는 것은 목숨을 내어놓고 따라 다니는 충정의 부하들도 아니었고, 친인척들은 더더욱 아니었습니다. 자기의 목을 노리는 사람은 바로 장인어른이었기 때문입니다. 다윗은 살아남기 위해 미친 사람처럼 침을 흘리면서 연극도 하였고, 원수의 나라 블레셋으로 목숨을 건 망명을 시도하기도 하였습니다. 그러나 다윗의 마음속에 정말 믿을 수 있는 방패가 하나 있었는데 곧 하나님의 약속의 말씀이었습니다. 다윗은 도망자의 신세였지만 그의 마음속에는 잘 박힌 못처럼 위로와 격려를 주시던 하나님의 약속이 있었습니다. 많은 전쟁 속에서 자기를 지킨 참 방패는 하나님의 말씀이었기에 다윗은 이렇게 노래합니다.

"하나님의 도는 완전하고 여호와의 말씀은 순수하니 그는 자기에게 피하는 모든 자의 방패시로다." (시 18 : 30)

우리의 이민길을 지켜주는 진정한 발라스트는 고생하며 새긴 친구도 아니고, 피땀 흘려 모은 달러도 아니며 미국의 최첨단 의학기술도 아닙니다. 아무리 좋은 보험이 있어도 마음에 일어나는 불안이라는 풍랑을 막지는 못합니다. 인생의 발라스트는 참 방패되신 하나님의 말씀입니다. 말씀이신 예수님은 우리에게 평화를 주시기 위하여 이 땅에 오셨습니다. 그래서 예수님께서 오시던 밤 천사들은 "지극히 높은 곳에서는 하나님께 영광이요, 땅에서는 하나님이 기뻐하신 사람들 중에 평화로다." (눅 2 : 14) 하고 노래하였습니다. 예수를 믿으면 죽음도 막아주는 방패가 되어 천국 길을 안전하게 갈 수가 있다고 보증해 주십니다.

미국은 의식주의 면으로 볼 때 세계에서 가장 풍성한 나라입니다. 먹고 살 것만 있으면 신앙생활을 열심히 할 것 같지만 현실은 그렇지 않습니다. 미국 인구의 3분의 1이 마약을 경험하였다는 통계는 풍성한 생활도 마음의 불안을 막을 수 없다는 것을 단적으로 보여 줍니다. 요즘 미국에서 계속 일어나고 있는 총기 사건을 볼 때 물결치는 대양 위를 떠가는 빈 배처럼 느껴집니다. 이들에게 발라스트를 채워 주어야 합니다. 예수님을 믿고 하나님의 말씀으로 채움 받는 것만이 진정한 방패가 되어 우리 인생을 지켜 줄 수 있습니다.

"여호와는 나의 반석이시요, 나의 요새시요, 나를 건지시는 이시요, 나의 하나님이시요, 내가 그 안에 피할 나의 바위시요, 나의 방패시요, 나의 구원의 뿔이시요, 나의 산성이시로다."
시편 18편의 말씀입니다. (2절)

인생의 나침반

2012. 10. 7.

'나침반'이라는 신앙서적 출판사가 있는데 이 출판사가 발행한 책의 뒷면에 항상 실리는 이야기가 있습니다.

망망한 바다 한가운데 배 한 척이 침몰해 가고 있었습니다. 모든 선원들이 구명 보트에 올라탔는데 한 사람이 보이지 않았습니다. 절박한 표정으로 화난 얼굴의 선원들 앞에 마지막으로 급히 달려 나온 선원이 꼭 쥐고 있던 손바닥을 펴 보이면서 말했습니다.

"모두들 나침반을 잊고 나왔기에……"

분명 나침반이 없었다면 이들은 끝없이 바다 위를 표류할 수밖에 없었을 것입니다. 성경은 우리가 살아갈 길을 보여 주는 나침반입니다.

성경 말씀은 이 땅에서 부자가 되거나 건강하게 되는 것이 목적이 아니라 영원한 천국으로 들어가는 길 곧 복음에 대하여 처음부터 끝까지 관통하며 말씀하고 있습니다. 옛날 인도의 한 백만장자가 귀한 아들을 먼 나라로 유학 보냈습니다. 아들은 일을 하면서 공부하느라 너무 고생하여서 몸이 무척 야위어서 돌아왔습니다. 왜 이렇게 몸이 상했느냐고 묻자 아들은 제대로 먹지 못하고 자지 못해서 이렇게 되었다고 대답하였습니다. 아버지는 놀라면서 "아니, 유학 가서 쓰라고 그렇게 많은 보석들을 속옷 속에 넣어 주었는데 그 속옷의 보석들은 어떻게 하고 그리 고생하였느냐?"하고 묻자 아들이 대답합니다. "아버지, 보석을 넣어 두셨다면 미리 말씀해 주셨어야지요. 그런 줄도 모르고 속옷이 다 헤어져서 버렸습니다." 그래서 이 고사를 '내의명주(內衣明珠)' 라고 부릅니다. 성경 속에 있는 보물은 바로 복음입니다. 성경을 읽고도 천국 가는 길을 깨닫지 못한다면 '내의명주'를 버리는 일입니다.

또한 성경말씀은 우리의 죄를 깨닫고 회개하게 만듭니다. 다윗 왕도 세상 사람들과 마찬가지로 죄를 지으며 살았습니다. 우리아의 아내와 간음하고, 그것도 모자라 그 남편을 청부살인까지 하는 어쩌면 더 악한 죄인이었습니다. 그러나 그의 위대성은 나단 선지자가 죄를 지적할 때 회개할 줄 아는 겸손한 신앙에서 나타납니다. 시카고 무디 교회의 한 교우가 양조장을 열면서 개업 예배를 드리게 되었습니다. 설교·기도·축사 등 모든 순서가 끝나고 마지막에 무디가 나와서 이렇게 기도를 하였습니다. "하나님, 이 양조장이 문을 열지 못하게 하옵소서. 문을 열면 많은 젊은이들이 술을 마시고, 방탕하고, 가정이 깨어지고, 사회가 어지럽게 됩니다." 무디의 기도로 개업 예배 분위기는 완전히 찬물을 끼얹게 되었습니다. 사람들은 썰물처럼 빠져 나갔고 주인은 밤새 고민하였습니다. 그리고 그 다음 날 아침 양조장 주인은 문을 열지 않았습니다. 그리고 그 건물을 바쳐서 무디 신학교의 일부가 되었다고 합니다. 다윗은 자신의 권력으로 나단을 죽일 수가 있었고, 양조장 주인도 자신의 금력으로 무디를 무시할 수 있었지만 말씀을 인생의 나침반으로 삼았을 때 그들은 회개할 수 있는 용장들이 될 수 있었습니다.

하나님의 말씀은 우리를 헌신하게 만듭니다. 말씀을 사랑하며 살았던 다윗은 "나의 반석이시요, 나의 구속자이신 여호와여, 내 입의 말과 마음의 묵상이 주님 앞에 열납되기를 원하나이다."(시 19 : 14) 하고 찬양하였습니다. 열납이라는 말은 기쁘게 받으신다는 뜻으로 헌신을 말합니다. 다윗은 하나님의 말씀을 자기 인생의 나침반으로 삼았기에 자신의 모든 말과 생각이 하나님께 바쳐지길 소원하였습니다.

사랑하는 여러분, 하나님의 말씀은 우리 인생의 진정한 나침반입니다. 말씀을 통하여 천국의 소망가운데 하나님께서 열납하실 만한 헌신의 삶을 살아가시기 바랍니다.

"주의 말씀은 내 발에 등이요, 내 길에 빛이니이다."

시편 119편의 말씀입니다. (105절)

영원한 하늘나라의 열매

2013. 3. 3.

저희 교회가 20여년 돕고 있는 한국의 한 목회자가 계십니다. 고재우 목사님은 평생 농촌에서 몇 개의 교회를 개척하신 분입니다. 20여년 전 고 목사님의 첫 편지를 받았을 때 그분은 전라남도 덕천이라는 동네에 들어가셨습니다. 150호 정도 모여 사는 곳인데 교회가 한 번도 들어서지 못한 땅이었습니다. 마을에 교회가 서면 동네가 망한다고 동네 어른들이 믿고 있었기 때문이었습니다. 보통 선교보고 편지에는 이런 저런 부흥과 발전의 모습이 나오기 마련이지만 고 목사님의 경우는 좀 달랐습니다. 처음 함께 교회를 시작했던 단 한 분 집사님 가정은 이농현상으로 타지로 이사해 가셨고, 초신자가 한 가정 있었지만 역시 실망하고 교회에 나오지 않게 되었습니다. 그러니 선교보고 편지에 세 가족이 예배드리다가 목사님 한 가족만 예배를 드리게 되었다고 기도를 부탁하였습니다. 고 목사님은 동네 노인들의 잘못된 교회 관념을 수정하기 위해 사택 옆에

방을 한 칸 지어 갈 곳 없는 노인을 모시고 살았는데 87세와 76세 된 할머니 두 분을 모셨습니다. 연세가 높다보니 귀가 어두워져서 귀에 대고 소리를 질러야 알아듣는 할머니 두 분을 앉혀두고 주일예배를 드리다보니 인간적인 낙심이 말할 수 없이 컸습니다. 그래도 하늘나라 상급을 바라보며 꾸준히 사역을 계속하였고, 결국 덕천 마을에 교회당 하나를 우뚝 세워 놓고 광양 땅으로 또 다른 개척을 위해 떠날 수 있었습니다.

150년 전 미국에서 살던 토머스 테일러(T. R. Taylor) 목사님은 건강이 특별히 약한 체질이었습니다. 신학교를 졸업한 후에 목회를 6개월밖에 할 수 없었고, 모교에서 조교로 일하였지만 건강 때문에 그마저 그만 두었습니다. 스물 일곱의 나이로 생명의 불꽃이 꺼지기 하루 전날 밤 테일러 목사님은 깊은 시상에 젖어 찬송시를 쓰기 시작하였습니다.

"괴로운 인생길 가는 몸이 평안히 쉬일 곳 아주 없네.
걱정과 고생이 어디는 없으리 돌아갈 내 고향 하늘나라.

광야에 찬바람 불더라도 앞으로 남은 길 멀지 않네.
산 너머 눈보라 세차게 불어도 돌아갈 내 고향 하늘나라." (479장)

비록 그의 일생은 눈보라가 세차게 불던 괴로운 인생길이었지만 돌아갈 고향 하늘나라에 속한 사람으로 살았기에 오늘까지 수많은 그리스도인들의 가슴 속에 감동을 주며 숨 쉬고 있습니다.

제가 살고 있는 버팔로 그로브(Buffalo Grove)에는 유대인들이 많이 살고 있어서 늦가을이 되면 '욤 키퍼 데이(Yom Kipper Day)'로 학교에 가지 않습니다. 이 날은 과거 유대인들이 지키던 속죄일인데 대제사장이 일 년에 단 하루 두려운 마음으로 지성소에 들어가 금식과 회개로 몸과 마음을 정결하게 지키던 날입니다. 신앙인이 세상에 살 때에 속죄절을 지키듯 깨끗하게 살아야 함을 상징합니다. 속죄절을 지나고 닷새 후면 초막절이 됩니다. 이 날은 추수를 끝내고 나무와 짚으로 만든 작은 초막집에서 일주일간을 가족과 함께 거하면서 먹고 즐깁니다. 이 초막절은 먹고 즐기는 세상 명절이라기보다 앞으로 천국에서 즐기게 될 마지막 잔치를 상징합니다. 요즘도 유대인들은 초막 속에 아름다운 카펫을 깔고 벽에는 진귀한 과일을 달아두고 천국 열쇠 모양이나 천국 사다리 모습의 빵을 먹으면서 눈물이 없는 영원한 하늘나라를 소망하며 즐긴다고 합니다.

우리는 이 땅의 성공과 쾌락만을 목표로 살고 있지는 않습니까? 마음은 황폐해 가면서 육신의 명예와 재물만 풍부해진다면 신앙인으로서의 진정한 초막절을 맛보지 못합니다. 고재우 목사님이나 토머스 테일러 목사님은 이 땅의 열매를 보기 보다는 하늘나라에서 맛볼 열매를 맺으며 살았습니다. 즐거운 초막절을 지키기에 앞서 속죄절의 정결한 삶을 사셨습니다. 이 땅의 열매보다는 위의 것을 생각하며 사는 사람들입니다.

> "위의 것을 생각하고 땅의 것을 생각하지 말라. 이는 너희가 죽었고 너희 생명이 그리스도와 함께 하나님 안에 감추어졌음이라."
> 골로새서 3장의 말씀입니다. (2, 3절)

영향력 있는 사람

2012. 9. 30.

한국의 랩 가수 싸이의 「강남 스타일」이 세계적인 돌풍을 일으켰습니다. 강남 스타일의 시카고판인 「시카고 스타일」도 만들어졌고, 수십 개의 패러디 강남 스타일이 만들어져 유튜브 영상에 올라왔습니다. 지난 9월 4일에 1억 명이 강남 스타일 영상을 조회하였는데 2주 후에는 2억 명을 돌파하더니 얼마 후 10억 명을 넘어섰습니다. 싸이 한 사람으로 인하여 세계적으로 한국이라는 나라를 알리고 있습니다. 싸이는 한국뿐 아니라 세계적인 랩계의 왕자가 되었습니다. 김연아 선수가 올림픽에서 금 메달을 따고 그 후 평창 올림픽 유치에 일등 공신이 되면서 김연아 선수가 만들어 낸 경제적 가치가 85조원이나 되었다고 합니다. 영향력 있는 한 사람의 힘은 다른 일반 국민들 수만 명이 십 년 이상 할 일을 혼자 해낼 수도 있습니다.

사도행전에는 사도 바울이 전하는 간증이 세 번 나타납니다. 처음

두 번은 많은 사람들이 모인 곳에서 간증 설교를 하였는데 세 번째 간증은 아그립바 왕과 버니게 공주와 베스도 총독 등 팔레스타인에서 막강한 세력을 행사하고 있는 소수의 사람들 앞에서 간증하였습니다. 그렇지만 바울은 힘을 다하여 간절히 전도하였습니다. 비록 긴 시간 전도할 수는 없었지만 말이 많고 적음을 떠나 바울 자신처럼 예수 믿고 구원 받기를 간곡히 전하였습니다. 왜냐하면 영향력 있는 한 사람이 변화되면 큰일을 할 수 있다는 것을 바울은 확신하였기 때문입니다.

약 130년 전 한국 초대교회 시절에 엄귀현이라는 마부가 있었는데 그는 말 한 마리를 관리하면서 왕손을 모시는 일을 하고 있었습니다. 이 엄 씨가 예수님을 믿게 되자 얼마나 감사하였는지 최선을 다하여 자기가 맡은 일에 충성하였습니다. 그러면서 기회를 보아 한 번씩 자신이 모시고 있는 왕손 이재형 대감에게 전도하였습니다. 그러자 이재형 대감이 언짢아 하면서 물었습니다.

"예수 믿으면 너 같은 상놈이 양반이라도 된다더냐?"

그러자 엄씨가 대답하였습니다.

"나으리, 예수 믿는 도리는 그런 것이 아닙니다. 예수를 믿으면 더 좋은 마부가 되는 것입니다."

자신의 일에 충성스럽게 일하는 마부를 보면서 예수 믿는 사람에 대하여 좋은 마음을 가지고 있던 이재형 대감은 말을 타고 충주로 성묘를 가던 어느 날 왕손으로는 처음으로 예수님을 믿게 되었습니다. 나중에 신학을 마친 이재형 대감은 한국 초대교회의 하나인 승동교회에서 2대 목사님으로 섬겼습니다. 엄 씨 마부는 힘 있는 한 사람이 큰일을 할 수 있다고 믿었던 바울 같은 마음을 소유하고 있었습니다.

미개인들이 사는 곳에 선교사님들이 가게 되면 주로 추장에게 집중적으로 전도하는데 그 이유는 추장이 예수님을 영접하면 그 부족은 자연히 예수 믿는 부족이 되기 때문입니다. 사장님이 예수 믿게 되면 그 회사에 많은 사원들이 복음을 접하게 됩니다. 제대로 예수 믿는 선생님 한 사람이 초등학교에 부임하게 되면 그 반에 상당수의 아이들이 예수님을 믿게 됩니다.

사랑하는 여러분, 비록 이민 길을 걸어가면서 힘은 들지만 우리가 맡은 일에 충성스럽게 일하면서 빛처럼, 소금처럼 살아가십시다. 성도들 가운데 실력 있는 사람이 되면 더욱 영향력 있는 일을 하게 됩니다. 또한 실력 있는 한 사람을 전도하면 큰일을 이루게 됩니다.

> "내가 진실로 진실로 너희에게 이르노니 나를 믿는 자는 내가 하는 일을 그도 할 것이요, 또한 그보다 큰 일도 하리니 이는 내가 아버지께로 감이라."
>
> 요한복음 14장의 말씀입니다. (12절)

고난, 성숙의 과정

2012. 6. 10.

한국인 출신으로 최고의 발레리나로 불리는 강수진 씨는 독일 슈투트가르트 발레단의 유일한 종신 단원이기도 합니다. 아름다운 드레스를 입고 나비처럼 날았다가 사뿐히 내려앉는 모습은 환상적입니다. 그러나, 온 몸의 무게를 발끝에 싣고 뛰고 내려야 하는 강수진 씨의 발은 흉측하게 돋은 굳은살로 울퉁불퉁합니다. 45살의 나이에도 불구하고 지금도 매일 10시간 씩을 연습하고 있기에 일주일마다 발레 신발이 10켤레씩이나 떨어져 나갑니다. 이런 강한 훈련의 과정이 그대로 담겨 보이는 강수진 씨의 발은 결코 흉물스런 모습이 아니라 고귀하고 아름답게까지 보입니다. 그런 고통의 흔적은 성공을 향해 가는 모든 사람들에게 값진 교훈을 주고 있기 때문입니다. 장미란 선수는 한국이 낳은 세계적인 역도 선수였습니다. 몸무게가 많이 나갈수록 무거운 역기를 드는 것이 유리하기에 그녀는 최대한 살을 찌웠다고 합니다. 결혼을 해야 할 여성으로서 날씬한 몸매를 포기하고 125 kg의 거구의 여인이 되었지만 장 선수가 금 메달을 목에 걸었을 때 신문에서는 '김태희 보다 아름다운 장미란'이란 타이틀로 그녀를 소개하였습니다. 장 선수의 몸매는 이미 성숙을 위한 값진 흔적으로 보였기 때문입니다.

요셉은 형들의 미움을 받고 장사꾼들에게 팔려 애굽의 노예가 되었습니다. 여주인의 유혹 앞에서 바로 살겠다고 하였다가 도리어 감옥에 갇혔고, 술 맡은 관원장에게 해몽을 해 주면서 도와주었지만 그 사람 역시 감옥에서 나간 후 소식이 없었습니다. 그의 청년기 시절은 엄청난 고난의 연속이었습니다. 그러나 성경은 요셉이 애굽으로 팔려간 것을 고생이나 불운이라고 말하지 않습니다. 후에 기근을 피해 오게 될 식구들을 구하기 위하여 하나님께서 요셉을 앞세워 애굽으로 보내셨다고 기록하고 있습니다. 험난한 훈련을 통하여 요셉은 하나님께서 예비하신 축복을 담을 만한 큰 그릇이 될 수 있었습니다. 하나님의 때가 이를 때까지 고생하던 요셉은 결국 애굽의 총리로서 실제적인 주권자가 되었습니다.

강철왕 카네기가 엄청난 불황을 이기지 못하고 자살을 생각하면서 뉴욕의 허드슨 강가를 걷고 있었습니다. 마침 뒤에서 누군가가 불러서 돌아보니 두 다리가 없는 사람이 바퀴가 달린 나무판 위에 앉아 연필을 팔고 있었습니다. 카네기가 지갑에 있던 1불짜리 몇 장을 건네주고 강변을 따라 걷기 시작하자 그 장애인은 다시 카네기를 불렀습니다.

"선생님이 산 연필을 여기 두고 가셨습니다. 가지고 가세요."

자살을 생각하며 강을 따라 걷던 카네기는 연필이 필요할 리 없었기에 손을 저으면서 그냥 가지라고 하였습니다. 그러자 그 연필장수는 화를 내면서 연필 값을 도로 가지고 가라고 하였습니다. 거지같은 행색이었지만 결코 거지가 아닌 장애인의 손에서 연필 몇 자루를 손에 쥔 카네기는 그 연필을 유심히 쳐다보면서 생각하였습니다. 작은 연필 몇 자루를 파는 사람에게도 소망이 있는데 많은 것을 누리고도 지금 당한 고난이 힘들다고 생을 포기하려 하였던 자신이 부끄러웠습니다. 카네기는 현재 당한 고난을 한 과정으로 생각하면서 다시 일어설 수 있었습니다.

사랑하는 여러분, 우리는 모두 힘든 불경기를 지나고 있습니다. 그러나 지금의 고난은 과정일 뿐입니다. 요셉의 고난이 하나님의 계획이었다면 우리가 당하는 불경기에도 하나님의 선하신 목적이 있습니다. 하나님께서는 혹독한 훈련을 통하여 더욱 성숙된 성도로 세워 주실 것을 믿으시기 바랍니다.

> **"다만 이뿐 아니라 우리가 환난 중에도 즐거워하나니, 이는 환난은 인내를, 인내는 연단을, 연단은 소망을 이루는 줄 앎이로다."**
> 로마서 5장의 말씀입니다. (3, 4절)

버리는 사람들

2013. 1. 20.

TV 선교사로 활동하던 팻 로벗슨 목사님이 예수님을 믿기 전에는 세상 친구들과 어울려 술을 즐기면서 살았습니다. 어느 날 예수님을 믿기로 결심하자 마음에 기쁨이 넘쳤고, 집에 돌아와 아내에게 예수님을 만났다고 말하자 아내는 남편을 이상하게 쳐다보았습니다. 무엇인가 달라진 남편은 그 즐기던 위스키 병들을 내려놓더니 싱크대에 한 병씩 붓고 있었습니다. 아주 값비싼 고급 술들이 마구 쏟아지자 아내는 아까운 생각에 위스키 병을 빼앗으려 하였지만 남편은 조금도 아까운 표정 없이 모두 쏟아 버리고 말았습니다. 버리는 훈련부터 시작된 그의 신앙 생활은 수많은 미국인들의 가슴속에 예수 그리스도를 전파하는 TV 선교사가 되게 하였습니다.

신약에 나오는 가버나움이라는 항구 도시에는 신앙을 위하여 세상 것을 버리는 사람들이 여러 명 소개되고 있습니다. 예수님은 갈릴리 바다의 11시 방향에 위치한 이 도시에서 다섯 명의 제자들을 부르셨습니다. 베드로·안드레·야고보·요한이 가버나움에서 고기를 잡고 있을 때 주님께서 그들을 부르셨더니 이들은 그물과 배와 심지어는 가족까지 버려두고 예수님을 따라 나섰습니다. 그런데 더 많은 것을 포기하고 버린 제자는 아무래도 세관원으로 일하던 마태일 것 같습니다. 어부들은 사실 기술직이어서 언제라도 수틀리면 다시 그물을 잡으면 되지만 마태는 행정직이어서 한번 사표내고 나면 다른 사람으로 곧 바로 채워지기 때문에 다시 그 자리로 들어간다는 것은 거의 불가능합니다. 더구나 마태가 일하던 가버나움 세관은 남북을 잇는 교통의 요충지여서 이 자리는 세관원에게는 아주 인기 있는 돈방석이었습니다. 인두세라는 고정적인 수입이 있었을 뿐 아니라 통행세라는 엄청난 폭리가 취해지던 자리이기도 하였습니다. 이 자리를 차지하기 위하여 마태는 로비 공작금도 많이 사용하였을 것이고, 앞으로 돈이 계속 쏟아져 나올 요술 방망이 같은 이 자리에 앉은 그는 꿈도 많았을 것입니다. 그런데 이런 자리를 버리고 예수님을 따른다는 것은 결코 쉬운 결정이 아니었습니다. 결국 버리는 것에 잘 훈련된 그의 손을 통하여 신약성경의 첫 권인 마태복음이 기록되었습니다.

저희 아버지는 일제시대에 일본군을 피하여 숨어 지내시다가 해방을 맞으셨습니다. 해방 후 해운계에 할 일은 많았는데 일제시대에 해양대학을 나온 분은 손에 꼽을 정도였습니다. 그래서 아버지는 해양대학과 해군 사관학교에서 교편을 잡으셨는데, 후에 제자들이 아버지를 배려하여 좋은 자리를 하나 마련하여 찾아 왔습니다. 한국 해양경찰대장 자리였는데 그 당시 월급이 얼마나 적었는지 한 가족 생활하기에도 넉넉지 않았지만, 가만히 앉아만 있어도 월급과는 비교도 할 수 없는 많은 돈이 상납되어 오는 자리였습니다. 그러나 아버지는 신앙 양심을 지키기 위해 돈방석을 버리기로 하였습니다. 얼마 후 후진들이 다시 찾아왔는데 이번에는 해난 심판소장 자리였습니다. 역시 돈방석이라고 불리는 자리였지만 비리와 청탁이 많은 자리이기도 하였습니다. 이번에도 신앙 양심을 지키기 위해 아버지는 그 자리를 거절하셨습니다. 사실 한번만 눈 감고 사인해 주면 10년 치 월급이 생길 수도 있고 100년 치 월급도 생기는 자리였습니다. 어차피 누군가가 그런 일을 하던 세상이었습니다. 그러나 신앙 양심을 위해 돈방석을 던질 수 있었던 아버지의 용기가 부럽고 지금까지 제 마음에 귀한 그리스도인의 본으로 남아 있습니다.

즐기던 술을 부어버린 팻 로벗슨 목사님이나 돈방석을 거절하였던 아버지나 사도 마태는 모두 예수님을 위해 버리는 것을 기쁨으로 여겼던 믿음의 사람들입니다. 우리는 6일간 사업터에 매달리다보면 주일 하루만 쉬게 됩니다. 이날 하루 온 종일 쇼핑몰을 배회하면서 스트레스를 푸시는 분은 없으십니까? 주일날 낚시와 골프 때문에 주님께 예배를 드리지 못하시는 분은 없으십니까? 신앙을 위하여 버리는 결단은 귀합니다. 그토록 즐기던 술과 담배를 버리는 사람의 신앙은 점점 자라게 되어 있습니다. 죄인 마태가 변화되어 마태복음을 기록하였듯이 신앙을 위하여 버리는 사람들을 주님은 기쁘게 사용하시면서 큰 상급을 약속하십니다.

> "하나님의 나라를 위하여 집이나 아내나 형제나 부모나 자녀를 버린 자는 현세에 여러 배를 받고 내세에 영생을 받지 못할 자가 없느니라."
> 누가복음 18장의 말씀입니다. (29, 30절)

자라가는 천국

2012. 5. 27.

성경에서 천국은 두 가지 면으로 소개되고 있습니다. 순간적인 천국과 점진적인 천국입니다.

예수님을 구세주로 믿고 마음에 받아들이는 순간 주님은 우리의 마음 속에 들어오셔서 함께 거하시게 됩니다. 이것을 거듭난다고 합니다. 그 순간부터 천국에 들어가는 약속을 받게 되는데 이것을 순간적인 천국이라고 부릅니다. 그렇지만 천국에 가면 모든 사람들이 똑같은 집에서 살게 되지는 않습니다. 크고 화려한 집에서 사는 성도가 있는가 하면 작고 부끄러운 집에서 살게 될 성도들도 있게 될 것입니다. 이 땅에서 사는 동안 우리는 천국에서 영원토록 살게 될 아름다운 집을 짓는 과정 속에서 살게 됩니다. 이것을 점진적인 천국이라고 부릅니다. 믿음은 겨자씨처럼 작은 것으로 시작되지만 큰 나무처럼 자라가는 특성이 있습니다.

우리 마음속에 복음을 믿게 되면 그 순간부터 성도가 됩니다. 교회를 아무리 오랫동안 다녔다고 해도 그 속에 예수님을 구세주로 믿는 믿음이 없으면 성도가 아닙니다. 목사나 장로가 되었다고 해도 믿음으로 성경이 받아들여지지 않으면 성도가 아닙니다. 기도했더니 태양이 뒤로 물러갔다는 사실이나, 마리아가 처녀로서 아기 예수님을 낳았다는 사실이 믿어지지 않으면 성도가 아닙니다. 십자가의 사건이 믿어진다면 성경의 모든 말씀이 믿어지게 되어 있습니다.

몇 해 전에 교회 어른들을 모시고 미조리 주에 있는 성막여행을 다녀왔습니다. 성막 앞쪽 넓이가 50규빗입니다. 약 23 m 정도 됩니다. 그런데 50규빗 중에 문이 20규빗이나 되었습니다. 문 옆으로 양쪽 벽면은 15규빗 밖에 되지 않았습니다. 문이 엄청 넓었습니다. 복음은 누구에게나 넓게 열려 있음을 보여주고 있었습니다. 공부를 많이 하였든지 못하였든지, 돈이 많든지 적든지, 피부색깔이 희든지 검든지 상관이 없습니다. 누구든지 들어갈 수 있습니다.

은사가 많고 신앙이 뜨거웠던 고린도 교회 교인들은 가문이 좋거나 학력이 좋은 사람들이 많지 않았습니다. 돈이 많았던 사람들도 별로 없었습니다. 그래서 "육체를 따라 지혜로운 자가 많지 아니하며, 능한 자가 많지 아니하며, 문벌 좋은 자가 많지 아니하도다."(고전 1 : 26)라고 말씀하고 있습니다.

천국에 들어 갈 자격을 받은 성도들은 그곳에 영원히 살 집을 준비하게 되는데 점점 크고 아름다운 집을 지어야 합니다. 예수님께서 비유로 설명하시기를 천국은 마치 사람이 자기 밭에 갖다 심은 작은 겨자씨 한 알 같은데 점점 자라나서 나무가 되어 공중의 새들이 그 가지에 깃들이게 될 만큼 크게 자란다고 말씀하십니다. 또한 어떤 여자가

밀가루 서 말 속에 갖다 넣은 누룩 같아서 그 밀가루를 전부 부풀게 하는 것 같다고 천국을 설명하십니다. 이는 아름다운 열매를 맺으면서 성장하는 성도의 모습을 말해 줍니다. 아름다운 열매를 맺기 위하여 우리는 계속 생명의 양식을 먹고 자라야 합니다. 믿음은 들음에서 나기 때문입니다. 항상 말씀을 들으시면서 은혜 받고 경건하게 살아야 합니다.

몇 해 전에 영국의 브리티시 위크(British Week) 라는 신문에 이런 글이 실렸습니다. "나는 30년 동안 교회에 다녔습니다. 그리고 3천 번 이상의 설교를 들었습니다. 그런데 그렇게 많은 설교를 들었지만 한 가지의 설교도 제대로 기억할 수가 없습니다. 그러니 목회자가 설교보다는 차라리 다른 것에 시간을 투자하는 것이 더 나을 것이라고 생각합니다." 라고 말하면서 설교 무용론을 들고 나왔습니다. 이 글이 나간 후 여론의 글이 빗발치듯 올라왔는데 한 사람의 글이 실림으로써 모든 여론이 조용히 가라앉게 되었습니다. 그는 이렇게 쓰고 있습니다. "나는 결혼한 지 30년이 되었습니다. 그 동안 32,800번의 식사를 하였는데 대부분이 아내가 만들어 준 음식이었습니다. 그 동안 무슨 음식을 먹었는지 특별히 기억나지 않지만 분명한 것은 이 음식들이 있었기에 제가 지금까지 건강하다는 사실입니다." 그렇습니다. 평범한 음식을 통하여 성장하고 건강을 유지하듯 매일의 경건한 삶을 통하여 우리는 보이지 않게 큰 나무로 성장해 갑니다.

사랑하는 여러분, 여러분을 천국으로 데리고 가실 분이 예수님이라고 믿으십니까? 그렇다면 매일 예수님과 만나는 경건의 삶을 통하여 구원의 확신 가운데 세워진 믿음이 큰 나무처럼 자라서 주위의 사람들에게 덕을 세우고 도움을 주는 아름다운 성도로 성장되시기 바랍니다.

"천국은 마치 사람이 자기 밭에 갖다 심은 겨자씨 한 알 같으니, 이는 모든 씨보다 작은 것이로되 자란 후에는 풀보다 커서 나무가 되매 공중의 새들이 와서 그 가지에 깃들이느니라."

마태복음 13장의 말씀입니다. (31, 32절)

제 9 장

청계천의 물고기

하나님의 오른손

지키시는 하나님

부활의 아침

천국의 잔치

흠이 없는 성도

인생의 네비게이션

청계천의 물고기

2013. 6. 9.

이명박 대통령의 과거 업적 중의 하나가 청계천을 살린 일입니다. 쓰레기로 차 있고, 공기도 통하지 않아 가스가 가득 차 있는 암흑의 강, 물고기가 살 수 있는 가능성이 전혀 보이지 않던 청계천이 복구되어 지금은 아름다운 공원이 조성되고 강에는 물고기가 놀고 있어서 많은 시민들이 그 경관을 즐기고 있습니다. 그런데 죽음의 바다라고 불리는 사해는 물고기에게는 치명적인 환경입니다. 지중해보다 200 m나 낮은 분지에 모인 물은 아주 건조하고 더운 기후로 계속 증발하여 염도가 매우 높습니다. 물에 들어가면 사람이 둥둥 뜰만큼 염도가 높기에 물고기가 아예 살 수 없는 곳입니다. 그런데 이런 사해 바다에 물고기가 넘쳐나고, 어촌이 형성되어 어망이 쳐지게 될 것이라고 하나님은 말씀하십니다.

에스겔이 국가의 멸망이라는 재난 앞에 사해 바다처럼 죽음의 냄새를 맡고 있을 때 하나님께서 한 환상을 보여 주셨습니다. 곧 하나님이 계신다는 성전의 동쪽 문지방 아래로부터 스며 나온 물이 흘러서 사해 바다로 들어갑니다. 이 물이 죽음의 물에 닿게 되자 깨끗한 생수로 변화되면서 많은 물고기가 뛰어 노는 풍성한 어장으로 변하는 환상이었습니다. 우리는 당면하고 있는 문제들을 해결하기 위해 나름대로 노력하고 있지만 실제 문제해결을 위한 열쇠는 하나님께로부터 나온다는 사실을 기억해야 합니다. 하나님만이 죽음의 상황을 변화시켜 생명의 바다로 만드십니다.

에스겔이 환상 속에 그 강물을 따라 들어가는데 500 m를 가서 보니 물이 발목까지 찼고, 다시 500 m를 가니 무릎까지 올라옵니다. 다시 500 m를 가니 허리에 찼고, 또 다시 500 m를 따라 들어 가다보니 발이 땅에 닿지 않아서 헤엄칠 수밖에 없었습니다. 초신자는 발목 정도의 은혜를 받아서 생활 중에 10분의 1 정도만 은혜로 여기고 감사하지만 믿음이 점점 성숙해지면 은혜의 물속에서 헤엄치듯이 생활 전체를 하나님의 은혜로 여기며 살게 됩니다. 건강해도 자기가 몸 관리를 잘 해서가 아니라 하나님의 은혜라고 말합니다. 돈을 많이 벌어도 자기의 능력이라고 하지 않고 하나님의 은혜로 벌었다고 합니다. 높은 자리로 출세하여도 자신의 지식이나 학벌을 자랑하지 않고 하나님의 은혜라고 말합니다. 심지어 질병이 있어도 하나님의 은혜라고 하면서 찬양합니다. 모든 면에서 하나님을 찬양하며 살게 됩니다.

이재일 교수는 어릴 때 친구의 아버지에게 미국 다녀온 이야기를 재미있게 들으면서 자기도 다음에 미국에서 교수가 되고 싶다는 꿈을 꾸었습니다. 그녀는 100만분의 일의 확률로 한 쪽 다리가 짧게 태어나서 걸을 때 다리를 절었습니다. 초등학교 시절 고적대 유니폼을 입고 예쁜 흰색 부츠를 신고 아이들과 신나게 작은 북을 치면서 연습을 하고 있었습니다. 이 때 선생님이 "이재일, 너 다리를 그렇게 저는데 고적대를 제대로 할 수 있겠냐?" 하는 말이 상처가 되어 멋진 유니폼과 예쁜 부츠는 하루 아침에 슬픔으로 변해 버렸습니다. 이런 아픔을 안고 성장하여 후에 미국으로 유학 와서 의상 디자이너 공부를 끝내고 Ph. D. 박사학위를 마쳤습니다. 2년의 실무 경험 후 기독교 계통의 한 대학에서 교수요원을 뽑는다는 광고를 보고 지원하였습니다. 일반 과목의 교수직이지만 지원 서류 중에 신앙고백서를 요구하고 있었습니다. 그녀는 신앙고백서에 자기가 받은 Ph. D.를 'Praise Him Daily' 곧 '매일 주님을 찬양하는 삶' 이라고 표현하였습니다. 좋은 일이든지 아픔이든지 모든 일을 하나님의 은혜로 생각하며 은혜의 강물에서 헤엄치며 사는 이재일 교수의 신앙고백이 제 마음에 뭉클 와 닿았습니다. 그 후로 그녀는 '나는 날마다 꿈을 디자인한다'라는 책을 내었습니다.

사랑하는 여러분, 너무나 힘들어 포기하고 싶은 일은 없으십니까? 청계천에 물고기가 뛰듯이 사해 바다 같은 여러분의 절망적인 상황에서도 물고기가 뛸 날이 올 것입니다. 강가에 풍성한 열매가 맺을 수 있도록 하나님께서는 생수의 강물을 흘려 주실 것입니다. 성령님의 능력으로 썩은 부분, 죽음의 부분을 변화시켜 새로운 소망으로 채워 주실 것입니다.

> "이 강물이 이르는 곳마다 번성하는 모든 생물이 살고, 또 고기가 심히 많으리니 이 물이 흘러 들어가므로 바닷물이 되살아나겠고, 이 강이 이르는 각처에 모든 것이 살 것이며"
> 에스겔 47장의 말씀입니다. (9절)

하나님의 오른손

2013. 5. 19.

들에 피어있는 꽃 한 송이나 공중에 날아다니는 새 한 마리도 전능하신 하나님의 완벽한 계획과 설계로써 창조되고 관리되고 있습니다. 지능이 낮고 수명이 짧은 짐승들은 생존에 필요한 지식을 배우지 않고도 알 수 있도록 하나님께서 이들의 DNA 속에 넣어 주셨습니다. 그래서 거의 모든 초식동물들은 자신이 먹을 수 있는 풀과 먹으면 안 되는 풀을 구분할 수 있는 지식을 본능적으로 가지고 태어납니다. 태어나서 한 번도 가보지 않은 곳으로 수천 km를 비행하는 철새들도 있고, 자신이 태어난 고향까지 다시 찾아가 알을 낳고 죽는 연어의 능력도 초신비에 속합니다. 또한 바야위버(baya weaver)라는 새는 둥지를 만드는데 훌륭한 직조공이 천을 짜듯 정교하게 만듭니다. 15 cm 크기의 참새 비슷한 바야위버는 어미새가 집을 짓는 과정을 한 번도 본 적이 없지만 아주 훌륭한 둥우리를 똑같이 만들어냅니다. 이 새는 먼저 지붕을 만들고 작업이 용이하도록 중간에 지지대를 만들어 둥우리를 튼튼하게 지탱하는 구조를 만드는 지혜가 있습니다. 또한 출입구 끝은 일부러 마무리를 하지 않고 느슨하게 풀어 두어서 다른 짐승들이 침입하려고 입구에 매달리면 느슨한 지푸라기가 떨어지면서 짐승도 떨어지도록 안전한 구조로 만듭니다.

바야위버에게 이런 능력을 주신 분은 창조주 하나님이십니다. 새 한 마리도 관리하시고 키우시는 하나님의 손길을 보게 됩니다. 사람들에게도 힘 있고 능력 있는 손을 오른손이라고 표현하는데 성경에서도 하나님의 오른손이 세상을 창조하시고 관리하시고 성도들을 보호하신다고 말씀하십니다.

어느 산골 마을에 13살 난 한 소년이 병명도 알지 못하는 깊은 병으로 죽어가고 있었습니다. 아무리 좋은 약도, 무당의 푸닥거리도, 불경도 소용없었습니다. 죽음의 그늘이 소년 위에 덮였지만 더 이상 다른 방도가 없었습니다. 그러던 어느 날 담장 너머로 하얀 종이 한 장이 날아들어왔습니다. 전도지였습니다. 그 종이에는 요한복음 3 : 16의 말씀이 적혀 있었습니다. "하나님이 세상을 이처럼 사랑하사 독생자를 주셨으니 이는 그를 믿는 자마다 멸망하지 않고 영생을 얻게 하려 하심이라." 멸망치 않는다는 말에 혹 죽지 않을 수 있다는 생각이 들어 전도지를 넣은 사람을 찾아 갔습니다. 그 마을의 전도사님이었습니다. 소년의 아버지 김춘교 씨는 그 전도사님을 통하여 예수님을 믿게 되었습니다. 그 후 그 가정에 기적이 일어나 소망이 없던 소년의 병이 거짓말처럼 나았습니다. 완쾌된 소년은 10리가 넘게 떨어진 용진교회를 다니면서 믿음으로 살기 시작했습니다. 이 소년이 후에 가나안 농군학교를 설립하여 10만 명이 넘는 신자와 비신자들에게 정신적인 영향을 끼치면서 믿음으로 살았던 김용기 장로님입니다.

하나님은 능력의 오른손으로 세상을 창조하시고 관리하십니다. 우리가 감당하기 힘든 고난이 있다고 할지라도 나를 도우시는 하나님의 오른손을 믿는다면 우리는 감사할 수 있습니다. 그래서 우리는 이 찬양을 좋아합니다.

"왜 나만 겪는 고난이냐고 불평하지 마세요.
고난의 뒤편에 있는 주님이 주신 축복 미리 보면서 감사하세요.
너무 견디기 힘든 지금 이 순간에도 주님이 일하고 계시잖아요.
남들은 지쳐 앉아 있을지라도 당신만은 일어서세요.
힘을 내세요, 힘을 내세요, 주님이 손잡고 계시잖아요……"

그렇습니다. 주님의 오른손이 나의 손을 잡고 계심을 믿기에, 우리는 어떠한 역경도 이겨낼 수 있습니다.

사랑하는 여러분, 이해할 수 없는 고난이 우리 앞을 가로 막을수록 더욱 하나님의 능력의 오른손을 붙들고 새롭게 일어나시기 바랍니다.

"의인들의 장막에는 기쁜 소리, 구원의 소리가 있음이여, 여호와의 오른손이 권능을 베푸시며, 여호와의 오른손이 높이 들렸으며, 여호와의 오른손이 권능을 베푸시는도다."
시편 118편의 말씀입니다. (15, 16절)

지키시는 하나님

2013. 6. 2.

한 달 전인 지난 28일에 영국 동북부 지역에서 열린 한 마라톤 대회에 5천여 명이 참석하였는데 그 중에 한 명만 완주하고 5,000여명이 탈락하는 기이한 일이 일어났습니다. 그 이유는 1등 선수가 길을 안내하는 차량을 따라 앞서 나갔고, 2등 선수는 1등 선수와 거리 차이가 나면서 코스를 잘 못 들게 되었습니다. 그러자 3등, 4등 등 그 뒤를 따라오던 모든 마라토너들이 2등 선수를 따라 모두 잘못된 코스를 따라 뛰었습니다. 잘못된 경로는 전체 42.195 km에서 264 m가 모자란 거리로 밝혀졌습니다. 결국 이들은 42 km에도 미치지 못하는 거리를 달린 것이었기에 1등 한 명 외의 모든 선수는 실격 처리되고 말았습니다. 이날 경기에선 줄곧 선두를 달렸던 마크 후드 선수가 우승자이자 유일한 완주자가 되었습니다. 5천여 명이 선수로 참가하는 경기는 결코 작은 경기가 아닙니다. 그런 만큼 주최 측에서 많은 표식들과 음료수, 바나나 등 체력을 돕는 소품들과, 격려를 위한 밴드 등 얼마나 많은 준비를 하였겠습니까? 그러나 이런 돌발 상황이 발생하면서 수개월 동안 이 마라톤을 위해 훈련하고 준비한 많은 사람들의 기록이 물거품이 되고 말았습니다. 크고 작은 많은 일들 가운데 하나님의 지키시는 손길이 간섭하고 있기에 우리는 은혜로 하루하루를 살아가고 있습니다.

일전에 총회에 다녀왔는데 제 옆 자리에 앉아 식사하던 한 목사님의 간증에서 큰 은혜를 받았습니다. 그 목사님이 교회를 개척한지 7년이 되었는데 교인이 100여명 모이게 되자 성전구입이 급한 과제가 되었습니다. 기도로 준비하고 있었는데 어느 날 조그마한 규모의 한 장애인 학교 교장 선생님이 찾아왔습니다. 장애인 학생 수가 줄어들면서 학교 경영이 어려워졌다고 하면서 그 학교 건물을 사지 않겠느냐는 것이었습니다. 팔려는 사람이 먼저 찾아온 만큼 생각보다 싸게 매매계약이 되었습니다. 그리고 얼마 후 그 건물에 붙어 있는 12에이커의 야산 같은 땅을 사지 않겠느냐고 물어 왔지만 돈이 없어서 거절하였습니다. 얼마 후 다시 찾아오더니 그냥 기증하겠다고 하였습니다. 비록 개발하지 않은 땅이지만 세금도 내어야 하고, 쓰러지는 나무도 치워야 하는 등 관리 비용이 들어가는데, 그 땅이 교회 뒤에 붙어 있어서 팔기가 쉽지 않다고 하면서 기증하겠다는 것이었습니다. 교회에서도 마땅히 그 땅이 필요하지는 않았지만 기증하는 것이어서 그냥 받기로 하였습니다. 그러나 하나님께서 왜 그런 땅을 주시는지 그 때는 알지 못하였습니다. 얼마 후 그 교회가 택지 변경을 할 때였습니다. 교회용 택지로 바꿀 경우 그 타운의 규정 중에 3에이커 이상의 땅이 있어야 교회로 택지 변경을 할 수 있다는 법이 있었다고 합니다. 만일 버려진 땅이지만 그 땅이 없었다면 교회용 택지로 변경이 불가능했다는 사실을 뒤늦게 알고서야 하나님께서 필요를 먼저 아시고 그 숲을 주신 것을 알게 되었습니다. 하나님은 성도들을 도우시는 큰 능력이십니다.

20년 전만 해도 휴대폰은 무전기같이 커서 가방을 들고 다니듯이 메고 다녔습니다. 큰 부피를 줄이는 데 가장 큰 관건은 배터리(battery)였습니다. 지금은 배터리가 소형화되고 고성능으로 개발되면서 손바닥의 절반도 되지 않는 휴대폰으로 이삼일씩 사용할 수 있게 되었습니다. 로봇 발명가들이 풀어야 할 가장 큰 숙제 역시 배터리라고 합니다. 걷고 뛰는 로봇이 1시간 정도 움직이고 나면 동작이 이상해집니다. 다시 충전해야 합니다. 「터미네이터(Terminator)」라는 영화에는 고성능의 로봇이 등장합니다. 인간의 한계를 훨씬 능가하는 스피드와 힘으로 일을 할 수 있습니다. 이 로봇에는 손바닥 만한 핵 배터리가 내장되어 있었기에 그 힘으로 쉬지 않고 일할 수 있었습니다. 손바닥 정도의 크기가 아니라 태양의 모든 표면은 핵융합 작용으로 엄청난 에너지를 계속 보내면서 일하고 있습니다. 더구나 태양보다 비교할 수없이 큰 수많은 별들을 운행하시는 하나님은 무한정한 능력으로서 졸거나 주무시거나 쉬지 않으시면서 성도들을 지키시고 계십니다.

사랑하는 여러분, 하나님은 여러분들을 사랑하시고 지키시는 분이십니다. 쉬지 않고 도우시는 하나님을 바라보고 의지하시기 바랍니다.

"이스라엘을 지키시는 이는 졸지도 아니하시고 주무시지도 아니하시리로다. 여호와는 너를 지키시는 이시라. 여호와께서 네 오른쪽에서 네 그늘이 되시나니, 낮의 해가 너를 상하게 하지 아니하며 밤의 달도 너를 해치지 아니하리로다."
시편 121편의 말씀입니다.

부활의 아침

2013. 3. 31.

정신분석학을 수립한 프로이트(Sigmund Freud)는 이런 글을 썼습니다.

바다를 항해하던 배가 파선되었습니다. 다행히 선원 중 한 사람이 파도에 밀려 어느 섬에 도달했습니다. 그러자 그 섬의 사람들은 그를 데려다가 그들의 임금으로 삼았습니다. 뜻밖에 왕이 된 그 선원은 편안한 삶을 누리면서 얼마의 시간이 흘렀습니다. 도무지 이해할 수 없는 현실에 그는 심복을 불러 왜 자기를 임금으로 삼게 되었는지 물었습니다. 차마 입을 열지 못하고 머뭇거리던 신하는 마침내 이렇게 말했습니다.

"왕이시여, 이 섬에서는 1년에 한 번씩 왕을 세우는데 1년이 지난 왕은 저 무인도로 보내어 그곳에서 굶어 죽게 만듭니다."

이 말을 들은 선원 출신의 왕은 큰 고민에 빠졌고, 그 날부터 무인도에서도 죽지 않고 살 수 있는 궁리를 시작하였습니다. 그리고는 부하들을 명하여 한 척의 배를 짓게 하고 그 배에 곡식과 과일나무를 가득 싣고 무인도로 보내어 농지를 만들고, 곡식과 나무들을 심도록 하였습니다. 그리고 틈틈이 신하들을 보내어 심어 둔 농토를 관리하게 하였습니다. 마침내 왕의 자리에 오른 지 1년이 되는 날 예정대로 그는 무인도로 추방되었습니다. 그러나 그 무인도는 더 이상 죽음의 섬이 아니라 곡식과 과일이 풍족한 생명의 땅이 되어 있었습니다.

우리가 살고 있는 이 땅에서 우리는 내세를 준비해야 합니다. 우리는 인생의 항로를 달려가는 선원과 같습니다. 미래는 어떤 의미에서 우리들에게 무인도입니다. 현실에 안주하면 미래는 사망의 무덤이 될 것이지만 왕 된 선원처럼 내일을 위해 오늘을 준비하며 산다면 낙원이 기다리고 있을 것입니다.

예수님은 우리에게 영원한 생명을 주시기 위하여 십자가의 고난을 지셨습니다. 주님은 십자가의 고통과 수치가 끝이 아니고 부활의 찬란한 새벽이 있다는 것을 미리 아셨습니다. 그러기에 거룩하신 하나님의 보좌를 버리고 짓밟힌 장미꽃처럼 십자가에 달리실 수가 있으셨습니다. 또한 성도들도 이 땅의 삶이 십자가처럼 힘들고 외롭더라도 찬란한 부활의 새벽을 맞이하신 주님을 바라보며 믿음으로 이기게 됩니다.

미국의 여류시인 패트 반즈 씨는 어느 꽃 파는 노인과 만났던 이야기를 전해 주고 있습니다. 허름한 옷차림에 주름이 깊은 노인이었지만 얼굴에 웃음이 가득하고 행복해 보였습니다. “무슨 좋은 일이라도 있으신가요?” 하고 묻자 노인이 대답합니다. “오래 살다보면 슬픈 일, 가슴 아픈 일을 많이 겪는답니다. 그러나 나는 그럴 때마다 예수님을 생각합니다. 십자가를 지는 고통의 금요일이 주님께 마지막이 아니었습니다. 부활의 새벽은 겨우 사흘만이었습니다. 그래서 나는 괴로울 때면 사흘만 기다리자고 혼자 말하곤 합니다.” 그렇습니다. 우리가 당하는 고통이 아무리

커도 결국 믿음의 사람들을 침몰시키지 못합니다. 죽음의 어두움을 깨고 사흘 만에 부활의 새벽이 왔듯이 우리 성도들에게도 반드시 찬란한 승리의 아침이 다가옵니다. 지금 우리 눈에는 우리 주위의 나무들이 죽은 것 같이 보이지만 이삼 주 후면 눈부시게 찬란한 새 잎으로 변화될 것입니다. 우리에게는 고통을 헤쳐 나갈 힘이 없지만 부활의 주님을 바라볼 때 새로운 힘을 내게 됩니다. 오늘은 분명 내일을 위해 있습니다. 이 땅에서의 삶이 아름다운 것은 영생의 열매들을 준비할 수 있기 때문입니다.

> "예수께서 이르시되 나는 부활이요 생명이니 나를 믿는 자는 죽어도 살겠고, 무릇 살아서 나를 믿는 자는 영원히 죽지 아니하리니 이것을 네가 믿느냐?"
>
> 요한복음 11장의 말씀입니다. (25, 26절)

천국의 잔치

2013. 5. 5.

제가 배를 타던 시절에 주일날 선박에서 예배를 드려야겠는데 배에는 교회도 없고, 성도도 없었습니다. 주일날 배에서 예배드릴 수 있게 해 달라고 기도하다가 어느 날 통신사에게 전도할 기회가 생겼습니다. 제가 기타를 치는 것을 본 통신사가 기타를 가르쳐 달라고 찾아 왔습니다. 기타 악보를 세상 노래로 하지 않고 찬송가로 정하여 보혈 찬송을 가르치기 시작하였습니다. 그리고 얼마 지나서 찬송가를 익숙하게 부를 즈음에 찬송가 가사의 뜻을 소개하였습니다. 십자가에서 나의 죄를 위하여 돌아가신 예수님의 은혜를 찬송하는 가사였기에 복음을 설명하기가 쉬웠습니다. 그 후 두 달 동안에 이 통신사는 신구약 성경을 완독하면서 구원의 확신을 가질 수 있었고, 그 후로 통신사와 함께 선박에서 매주일 예배를 드릴 수 있었습니다. 후에 한국에서 근무할 때 김종철 통신사는 어머니와 동생들까지 스스로 전도하였습니다. 하나님의 은혜로 한 사람이 회개할 때 전도를 한 제게도 큰 기쁨이었지만, 하늘나라에서도 큰 기쁨의 잔치가 열렸을 것입니다.

「납치 후 376일, 죽음의 사선을 넘어」라는 책에 이런 내용이 나옵니다. 미국 NTM 선교회에 소속된 번햄 선교사 부부가 필리핀에서 선교하다가 납치를 당하였습니다. 납치범인 아부 사에프 테러 일당은 이들 부부의 몸값을 요구하면서 1년이 넘도록 산으로 바다로 정글 속으로 끌고 다녔습니다. 그 동안 선교회 본부와 미국 정부와 필리핀 정부에서 많은 노력을 하였지만 테러범들은 이들 부부를 놓아 주지 않았습니다. 결국 정부군과 테러범들 사이에 총격전이 벌어졌는데 그 과정에서 남편 선교사는 가슴에 총을 맞아 숨졌고, 아내 선교사만 구출되었습니다. 번햄 부인이 미국의 고향으로 돌아오자 국회의원들과 수많은 인파들이 환영해 주었습니다. 경찰차의 에스코트와 함께 번햄 부인의 행렬이 지나갈 때 모든 신호등을 파란 불로 바꾸어 주며 환영하였고, 거리의 사람들은 촛불을 흔들며 환영하였습니다. 집 뜰에는 화환들과 텔레비전 중계차와 기자들로 가득 메워져서 전국적으로 환영하는 분위기였습니다. 남편의 장례식장으로 정해진 4,000석 규모의 교회에는 밥돌 상원의원, 샘브라운백 상원의원 등 정치인들과 대사들, 친구들이 가득 메운 가운데 위로와 격려를 하며 사지에서 돌아온 그녀를 크게 축하해 주었습니다.

죽음의 자리에서 한 사람이 살아서 돌아오면 이렇게 축하하듯이 지옥갈 죄인 한 사람이 회개하고 돌아오게 될 때 하나님과 주님의 사자들 앞에 큰 기쁨이 됩니다. 누가복음에는 같은 주제로 된 세 가지의 비유가 나옵니다. 100마리의 양 가운데 잃어버린 한 마리의 양을 찾은 목자의 이야기와, 10개의 동전 중에 잃어버린 한 동전을 찾은 여인의 이야기, 그리고 두 아들 중에 잃어버렸던 둘째 아들 탕자가 아버지에게 돌아오는 이야기입니다. 그런데 이 세 가지 이야기마다 마지막에는 '기쁨'이라는 단어가 나옵니다. 전도하여 불신자가 돌아오게 되면 전도하는 사람에게나 하나님께나 하나님의 사자 모두에게 큰 기쁨이 되기 때문입니다.

> "내가 너희에게 이르노니 이와 같이 죄인 한 사람이 회개하면 하나님의 사자들 앞에 기쁨이 되느니라."
> 누가복음 15장의 말씀입니다. (10절)

흠이 없는 성도

2013. 5. 26.

반기문 씨가 한국 외교부에서 일할 당시 초고속 승진을 계속하고 있었지만 아주 검소하게 생활하였습니다. 1997년 대통령 외교안보 수석 비서관을 지내던 어느 날 그가 사는 아파트 입구에 경찰이 경비를 서기 시작하였습니다. 김정일의 처조카 이한영이 남한에 넘어와 살다가 북한 공작원에게 피살된 사건이 있었던 직후였는데 이 일로 아파트 주민들은 정부의 고위 공직자가 그 아파트에 살고 있다는 것을 처음 알게 되었다고 합니다. 고위직에 있다 보니 명절에 선물이 많이 들어오곤 하였는데 아버지를 닮은 자녀들이 명절 선물을 검사하고는 조금 도가 지나친 비싼 물건이 들어오면 곧 바로 돌려보냈다고 합니다. 결혼식은 공식적으로 뇌물을 줄 수 있는 절호의 기회가 되기에 외교부 장관시절 첫 딸의 결혼 준비는 완전히 비밀로 진행하였습니다. 청와대에서 조차 장관 집안의 경사를 뒤늦게 알고서 결혼식 30분 전에 화환이 도착되었다고 합니다. 이토록 철저하게 뇌물로부터 자신을 지키면서 흠이 없이 살던 반기문 장관은 결국 세계적인 지도자인 UN 사무총장이 될 수 있었습니다.

저희 교회 바로 곁에 있는 랜더스트 쇼핑센터(Randhurst Shopping Mall) 주차장에서 몇 해 전 눈 조각 대회가 열렸습니다. 제설기로 만들어 세워 둔 큰 눈 기둥들마다 세 명의 눈 조각가들이 사다리를 세워두고 올라가 열심히 눈을 깎았습니다. 영하의 추운 날씨 가운데 이들 조각가들은 눈을 다듬다가 추우면 자동차에 들어가 잠깐 손을 녹이고서는 다시 나와서 조각을 계속하곤 하였습니다. 점토로 만든 작은 조각 모형을 보면서 삽과 톱과 칼 등으로 눈을 조각합니다. 일등에게는 $1500의 상금이 있지만 훌륭한 조각가들의 상금치고는 너무 적습니다. 일등이 되어도 세 사람이 나누면 한 사람당 $500입니다. 그것도 이 추위 가운데 사흘 동안 조각한 대가입니다. 2등이 되면 $1000불의 상금을 세 사람이 나누어야 합니다. 3등까지만 소정의 상금이 있습니다. 그 이후의 사람들은 사흘 동안 추위 가운데 놀랄만한 눈 작품을 만들고도 아무 것도 받는 것이 없습니다. 이들이 눈 조각을 만드는 이유는 이런 상금을 바라고 하는 것이 아닙니다. 순백의 흠이 없는 아름다운 작품 그 자체가 목적입니다. 날씨가 따뜻해지면 사라져 버릴 작품 하나를 위해서도 최선을 다하여 추위를 이겨내면서 만듭니다. 저는 눈 조각 제작을 보면서 우리의 인생이라는 작품을 생각하게 되었습니다. 우리 인생도 이 추위를 지나는 것과 마찬가지로 힘들고 상처 받을 때도 많지만 결국 하나님 앞에 흠 없는 한 개의 작품을 만드는 과정과 같습니다. 언젠가 사라져 버릴 인생이지만 하나님 앞에 영원히 기억될 아름다운 인생 작품을 만들어 가고 있습니다.

예수님을 믿다가 죽으면 천국에 가게 됩니다. 그렇다고 신앙생활이 천국의 입장권을 받는 것만으로 끝나는 것이 아닙니다. 천국에서 우리가 받게 될 칭찬과 상급을 위해 우리는 깨끗하고 순결한 인생을 만들어 나가야 합니다. 성화의 길을 걸어야 합니다. 성경에 나오는 많은 믿음의 선진들은 흠 없는 삶을 끝까지 추구하며 살았습니다. 요셉은 아무도 보는 사람이 없는 중에서 자신을 유혹하는 여인을 향하여 “내가 하나님 앞에 어찌 득죄하리이까?” 외치며 여인의 손을 뿌리치고 그 자리에서 뛰쳐나갔습니다. 흠이 없는 인생을 만들어가는 모습입니다.

사랑하는 여러분, 힘들고 유혹도 많은 세상이지만 완전하신 하나님의 눈앞에 흠이 없는 인생을 만들어 가시기 바랍니다.

> “우리 주 예수께서 그의 모든 성도와 함께 강림하실 때에 하나님 우리 아버지 앞에서 거룩함에 흠이 없게 하시기를 원하노라.”
> 데살로니가전서 3장의 말씀입니다. (13절)

인생의 네비게이션

2013. 4. 7.

자동차에 처음으로 네비게이션을 장착하고 달릴 때 처음에는 그렇게 필요성을 느끼지 못하였습니다. 그러나 네비게이션을 몇 년 사용하면서 지금은 길 이름에 대한 기억을 많이 잊었고, 네비게이션 없이는 교인들의 집을 심방할 수도 없을 만큼 네비게이션을 의지하게 되었습니다. 일전에 저희 교회 유년부의 수양회 장소를 찾아 가는데 수양회관이 시골이어서 도로 간판이 잘 보이지 않았습니다. 그런데도 네비게이션이 지시하는 대로 갔더니 정확하게 수양회관 현관 문 앞에 세워 주었습니다. 아무리 가로등이 없는 캄캄한 길이라고 하여도, 심지어 도로 간판이 없는 길이라고 하여도 이 기계 한 대만 있으면 정확하게 길을 찾을 수 있습니다. 캄캄한 세상에서 바른 길로 인도하는 네비게이션은 바로 성경 말씀입니다.

말세가 가까워지면서 세상 모든 사람들이 타락하고 죄악이 많아진다고 하여도 성경말씀은 우리들에게 천국 가는 길을 분명하게 보여 주십니다. 성도들이 이해할 수 없는 고통에 빠진다고 하여도 절망하지 않는 이유는 마지막 승리의 목표점을 향하여 인도하시는 하나님의 약속이 있기 때문입니다.

바울이 죄수의 몸으로 로마로 가는 배를 타고 갈 때 유라굴로라는 폭풍을 만나 거의 죽게 되었습니다. 선원들은 선박의 기구와 화물을 바다에 던져 조금이라도 배를 가볍게 만들어 견뎌보려고 하였지만 거대한 폭풍 앞에 조금의 가망도 없었습니다. 이 때 하나님께서 바울에게 나타나셔서 "바울아, 두려워하지 말라, 네가 가이사 앞에 서야 하겠고, 또 하나님께서 너와 함께 항해하는 자를 다 네게 주셨다." (행 27 : 24)고 말씀하셨습니다. 그리고 이 약속의 말씀대로 넓고 넓은 지중해 바다에서 멜리데라는 작은 섬을 만나게 되어 그 배에 타고 있던 276명이 모두 구원 받았습니다. 그 배에는 바다의 전문가인 선장도 있었고, 배로서 돈을 많이 벌었던 선주도 있었고, 용감한 로마 군대의 백부장도 있었습니다. 그런데 이들은 모두 절망하고 좌절했습니다. 유일하게 바울만이 살 수 있다는 소망으로 담대하게 지낼 수 있었던 이유는 바울은 하나님의 약속의 말씀을 들었기 때문이었습니다. 우리 인생길에 심한 풍랑이 다가온다고 하여도 하나님께서 지켜 주신다는 약속 한 마디면 담대할 수 있습니다.

1967년에 6일 전쟁이 일어났습니다. 당시 이스라엘은 독립하여 나라를 세운지 20년도 되지 않는, 한국의 강원도만한 작고 연약한 나라였습니다. 시리아와 빈번한 충돌이 일어나더니 급기야 중동의 맹주 이집트가 개입하게 되었고, 아랍 연합군을 결성하게 되었습니다. 남쪽에서는 이집트, 동쪽에서는 요르단, 북쪽에서는 시리아 세 나라가 동시에 쳐 들어

온다는 소식을 듣게 되었습니다. 또한 그 배후에는 강대한 사우디아라비아와 이라크, 쿠웨이트와 알제리가 있어서 재정적으로 또한 군사적으로 지원해 주었습니다. 1억 명과 400만 명의 싸움이었습니다. 당시 이스라엘 군을 지휘하던 다이얀 장군은 절망 그 자체였지만 위급한 마음에 깊이 기도하기 시작하였습니다. 그런데 그의 기도 가운데 다윗과 골리앗이 떠올랐습니다. 자기 나라는 다윗 중에서도 꼬마 다윗 같았고, 세 나라의 연합군은 골리앗보다 더 거대한 거인 같았습니다. 그런데 그의 마음에 들리는 한마디가 있었습니다. '전쟁은 여호와께 속한 것' 이라는 다윗의 말이었습니다. 하나님께서 함께 하시면 골리앗도 소년 다윗에게 힘없이 넘어진다는 확신이 들었습니다.

이스라엘은 비행기가 있어도 훈련할 곳이 없습니다. 자기 영토를 2분이면 벗어나는 작은 나라였기 때문입니다. 그런데 전쟁 직후 이스라엘 공군이 주위의 세 나라에 거미줄처럼 동시 기습 공격하여 두 시간 만에 적기 400대와 대부분의 활주로를 파괴하였습니다. 군사력에 큰 타격을 입은 이집트는 4일 만에 UN의 정전권고를 받아 들였고, 요르단은 3일 만에, 그리고 시리아와의 전쟁도 6일 만에 끝났습니다. 골리앗 같던 나라들이 무너져 내렸습니다.

우리가 당하는 영적인 전쟁 앞에서 악한 마귀는 우리와 함께 하시는 하나님의 능력 앞에 무너지고 맙니다.

사랑하는 여러분, 하나님의 약속의 말씀을 붙들고 사시기 바랍니다. 말씀은 캄캄한 절망의 길에서 정확하게 승리의 목표를 향해 가는 인생의 네비게이션과 같습니다. 사도 바울은 폭풍 가운데 들었던 하나님의 약속 한 마디에 자신 뿐 아니라 276명의 생명을 구할 수 있었습니다.

"또 여호와의 구원하심이 칼과 창에 있지 아니함을 이 무리에게 알게 하리라. 전쟁은 여호와께 속한 것인즉, 그가 너희를 우리 손에 넘기시리라."

사무엘상 17장의 말씀입니다. (47절)

제 10 장

힘을 다하여

기다림은 믿음입니다

어린아이 같은 마음

지붕 위의 마른풀

달라야 건강한 교회입니다

변화되는 삶

머리의 기름같이

힘을 다하여

2014. 2. 16.

사랑하는 연인의 마음을 얻기 위한 인기 있는 선물로서 샤넬 No. 5가 있습니다. 샤넬 No. 5가 고급 향수이긴 하지만 100 ml 한 병에 234불로서 가격 면으로는 세계 10위에 해당됩니다. 세계에서 가장 비싼 향수 1위는 클리브 크리스티앙 퍼퓸(Clive Christian Perfume)인데 한 병에 $215,000, 약 2억 3천만 원 정도 한다고 합니다. 그러나 이런 향수보다 더욱 고급스러운 향수가 성경에 소개되어 있습니다. 예수님의 마음을 흡족하게 하였던 향유인데 성경이 전달되고, 복음이 전파되는 모든 곳에서 이 여인의 이야기를 하라고 주님께서 부탁하실 만큼 의미 있는 한 사건이 성경에 소개되어 있습니다.

예수님의 십자가 사건이나 부활 사건이 사실 우리들에게는 너무나 익숙한 이야기이지만 예수님 당시의 사람들은 주님께서 곧 돌아가실 것과 사흘 만에 부활하실 것을 예언하셨을 때 무슨 말씀인지 이해할 수 없었습니다. 그런 일을 본 적이 없었기 때문입니다. 주님과 가장 가까이 지냈던 제자들도 그 말씀을 이해하지 못하였습니다. 마리아도 이해할 수 없었지만 그녀는 예수님의 말씀을 믿고 장례를 준비하기로 하였습니다. 히말라야나 인도에서 생산되는 고급 향유 '나드'는 고가에 거래되었습니다. 100% 순도의 '나드' 향유는 옥으로 된 고급 용기에 담아 거래되었는데 현 시세로 3만 달러 정도 하였습니다. 당시 서민으로서는 전 재산에 해당되는 금액이었습니다. 시집갈 때 사용할 수 있는 밑천입니다. 그런데 마리아는 의미 있는 일을 위하여 자신이 할 수 있는 최선의 힘을 다하여 주님의 장례를 준비하였습니다. 아끼며 보관해 오던 그 귀한 옥합을 깨뜨리고 '나드' 향유를 예수님께 부어 드린 사건은 마리아로서는 힘을 다하여 한 봉사였습니다.

아버지가 엿장수인 가난한 가정에서 고생하며 자란 한 여인이 하버드 대학에서 박사 학위를 받으면서 유명한 강사가 되었습니다. 서진규 씨는 가난한 가정환경 때문에 고등학생 시절에 가발공장과 식당에서 일하면서 어렵게 살았습니다. 청소년 시기에 사랑했던 한 남자에게서 버림받게 되자 세상을 버리려고 심각하게 생각하다가 차라리 한국을 떠나기로 하였습니다. 미국으로 온 후 가정부 일도 하고, 식당 웨이트레스 일도 하다가 잘 생기고 건강한 남편을 만났습니다. 그러나 그 남편은 여자를 때리는 못된 성질이 있었습니다. 얼마나 많이 맞았는지 남편이 잘 때 그 가슴에 칼을 꽂아 죽이려는 생각을 여러 차례 하였습니다. 그러나 6살짜리 딸아이의 미래를 생각하면 차마 살인자가 될 수는 없었습니다. 그래서 그녀는 남편을 떠나 미군에 입대하였습니다. 사병으로 군대생활을 시작하였지만 후에 대학과정을 마치고 장교가 되었습니다. 소령으로 제대한 후 하버드 대학에서 석사와 박사를 끝내고 한국에서 희망을 주는 강연을 하고 있습니다. 딸도 하버드 대학생으로서 몇 안 되는 여학생 ROTC로 훈련을 받고 있습니다. 「나는 희망의 증거가 되고 싶다」는 책을 저술한 서 박사는 많은 환난을 지냈지만 지금은 성공한 사람이라고 스스로 소개하면서 한 번 사는 인생 멋있고 당당하게 힘을 다하여 하나님의 자녀로 살자고 간증하고 있습니다.

사랑하는 여러분, 마리아가 힘을 다하여 주님을 기쁘게 해 드린 것처럼 우리도 이 땅에서 힘을 다하여 봉사하며 살아가십시다. 마리아가 향유를 깨뜨렸듯이 물질로 헌신하고, 머리털로 발을 닦았듯이 행동으로 봉사하고, 주님의 장례를 준비하였듯이 우리의 영생을 준비하며 살아가십시다. 어차피 한 번 살다가 가는 인생일 뿐입니다. 다른 사람들보다 조금 일찍 가고, 조금 늦게 갈 뿐 어차피 가는 인생입니다. 우리에게 주어진 모든 환경에서 힘을 다하여 봉사하던 마리아의 마음을 품으시기 바랍니다.

"그는 힘을 다하여 내 몸에 향유를 부어 내 장례를 미리 준비하였느니라."

마가복음 14장의 말씀입니다. (8절)

기다림은 믿음입니다

2013. 12. 29.

제가 학교 다닐 때 해병대 훈련을 30일 동안 받았습니다. 해병대의 명성답게 훈련이 좀 고되었습니다. 저와 함께 훈련을 받던 많은 친구들이 모자창 속에 1부터 30까지 써 두고서 하루가 지나면 하나씩 지우는 재미로 버텨 내었습니다. 아무리 힘들어도 30일만 지나면 반드시 훈련이 끝난다는 희망 때문이었습니다. 언젠가 밝은 새벽이 온다는 확신이 있으면 비록 칠흑같이 어두운 밤을 지나고 있다고 하여도 견뎌낼 수 있습니다. 이런 확신이 바로 믿음입니다. 성도들은 이런 승리의 확신이 있기에 아무리 힘들어도 믿음으로 기다릴 수 있습니다.

믿음이 성숙한 사람은 기다릴 줄 압니다. 아브라함이 75세가 되었을 때 하나님의 부르심을 받아 갈대아 우르를 떠나 가나안 땅으로 갔습니다. 하나님께서 그에게 큰 민족을 이루고 복의 근원이 될 것이라는 약속을 주셨지만 자식도 생기지 않고, 땅도 별로 소유하지 못하였습니다. 가나안 땅에 큰 기근이 왔을 때 아브라함은 믿음으로 기다리지 못하고 마음이 급해져서 그만 애굽으로 내려갔습니다. 거기에서 아내를 왕에게 빼앗겼다가 다시 찾아오는 큰 아픔을 경험하였습니다. 가나안 땅으로 돌아온 후에도 아내 사라를 통하여 자식 얻기를 기다리지 못하고 하갈을 첩으로 얻었습니다. 그리고 서자인 이스마엘을 낳았고 그는 아랍족의 조상이 되었습니다. 기다리지 못하고 낳은 아들로 인하여 지금까지 중동은 평화가 위협을 받고 있습니다. 그러나 아브라함의 믿음이 성숙하게 되었을 때 그는 100세가 되어서 얻은 아들을 바치라고 하시는 하나님의 말씀이 이해가 되지 않았지만 믿음으로 바칠 수 있었습니다. 아들을 다시 살려서라도 축복하실 하나님을 온전히 믿음으로 기다릴 수 있었기 때문입니다.

야곱이 젊었을 때는 팥죽으로 형의 장자권도 사고, 아버지를 속이면서 축복도 받았지만 그 축복 뒤에는 망명 생활만이 기다리고 있을 뿐이었습니다. 130년의 험악한 세월을 보낸 후에야 야곱은 기다릴 줄 아는 성숙한 믿음의 노장이 되었습니다. 그토록 보고 싶던 아들을 만나러 애굽 땅으로 내려 갈 때조차 국경지대 브엘세바에 온 가족을 세워두고 하나님의 뜻을 기다렸습니다. 결국 하나님의 허락하심을 받아 애굽으로 들어갔습니다.

믿음은 기다림입니다. 우리는 배우자가 나타나기를 기다려야 하고 기도 응답이 오기를 기다려야 합니다. 반항적인 자녀가 철들기를 기다려야 하고, 일자리가 나타나기를 기다려야 합니다. 건강이 나아지기를 기다리고, 갈등이 끝나기를 기다리고, 경제적인 압박에서 벗어나기를 기다려야 합니다.

180년 전에 영국에서 한 소년이 태어났습니다. 경건한 아버지와 어머니 사이에서 잘 자라던 아들이 십대가 되면서 방황하기 시작하였습니다. 15살에 은행에 취직하였는데 조금 배웠다는 사람들이 얄팍한 세상 지식으로 성경을 마구 비판하는 모습이 그에게는 멋있게 보였습니다. 그는 점점 세상에 빠지면서 하나님을 떠나게 되었습니다. 약사인 아버지는 약을 조제하면서도 아들의 영혼을 위한 약은 조제할 수 없다는 사실이 안타까웠습니다. 그의 부모님은 아들이 방황을 끝내게 해 달라고 끝없이 기도하며 기다렸습니다. 어느 날 어머니가 아들을 위해 기도하는데 응답이 있기까지 그 기도 자리를 떠나지 말아야겠다는 감동이 왔습니다. 어머니가 열정적으로 기도하고 있는 그 시간에 70마일 거리에 있던 아들의 마음속에는 잔잔하게 구원과 천국에 대한 행복한 확신이 들어오기 시작하였습니다. 아들도 같은 시간에 무릎을 꿇고 기도하기 시작하였습니다. 기도하며 기다리는 것 밖에 아무 것도 할 수 없을 때 하나님께서는 큰 인물을 만들고 계셨습니다. 이 청년이 중국 선교의 기초를 닦게 된 허드슨 테일러입니다. 그는 중국 선교사로 헌신하다가 중국 내륙 선교회를 창립하여 수천 명의 선교사들을 필요한 곳으로 보내었습니다. 그 중국내지선교회(China Inland Mission)의 이름이 바뀌어 지금의 OMF가 되었습니다.

사랑하는 여러분, 한 해의 마지막 주일입니다. 우리가 금년에 응답받지 못한 일들이 있다고 하여도 실망하지 마시고 기다리시기 바랍니다. 시간은 하나님의 것이고, 믿음은 기다림이기 때문입니다.

> "나 곧 내 영혼은 여호와를 기다리며 나는 주의 말씀을 바라는도다. 파수꾼이 아침을 기다림보다 내 영혼이 주를 더 기다리나니 참으로 파수꾼이 아침을 기다림보다 더하도다."
> 시편 130편의 말씀입니다. (5, 6절)

어린아이 같은 마음

2013. 11. 24.

지난 주일에 남태희 명예장로님을 하늘나라로 보내드리는 예배를 드렸습니다. 남태희 장로님은 평생 거친 무도인의 삶을 사셨습니다. 13년 전에 처음으로 저희 교회에 나오셨을 때 연세가 일흔 하나셨습니다. 백발을 정갈하게 빗어 넘긴 호남형의 어른이 신앙생활을 시작하겠다고 교회에 나오셨습니다. 평생 굳어진 생각을 바꾸기가 쉽지 않았을 텐데 어린아이처럼 순수하게 복음을 받아 들였습니다. 인간은 모두가 죄인인데 예수님께서 우리의 죄를 대신 지시고 십자가에 달려 돌아가셨다고 하면서 이 사실을 믿으면 모든 죄를 용서받는다고 복음을 설명하였습니다. 그러자 그 어른은 심각한 얼굴로 적군을 때려서 죽인 죄도 용서받을 수 있느냐고 물었습니다. 그렇다고 대답하자 눈물을 흘리면서 감사하였고, 분명한 구원의 확신을 가지고 세례를 받았습니다. 그 후로 성경에서 말씀하시는 모든 것을 어린아이 같은 마음으로 그대로 믿었고,

전도도 열심히 하셨습니다. 한 번은 친구 분을 식사 자리에 초대하고는 안타까운 마음으로 열심히 전도하셨습니다. "이봐, 예수님이 당신 죄를 위해 2천 년 전에 십자가에서 돌아가셨어. 당신은 그 예수님을 믿기만 하면 되는데 왜 안 믿어? 천국갈 수 있다고……"

늦게 믿기 시작하였지만 기쁨으로 매일 새벽예배에 나와서 하루를 시작하였고, 저희 교회 40일 기도회에도 빠지는 일이 없었습니다. 세례 받은 지 얼마 되지 않은 남태희 성도님은 단기선교를 위해 멕시코에도 같이 가셨습니다. 믿지 않는 동네에 들어가 전도하게 되었는데 그 동네 이장의 허락이 있어야 봉사나 전도를 할 수 있다고 하여 제가 이장을 만나러 들어가기로 하였습니다. 그런데 연세도 높으신 어른이 저와 함께 가시겠다고 하여 모시고 들어갔습니다. 이장과 이야기가 잘 되어 그 마을에서 봉사와 전도를 잘 마치고 떠날 수 있었습니다. 마을에서 나올 때 남태희 성도님의 말씀이 혹 제가 이장 사람들에게 폭행을 당하기라도 하게 되면 당신의 몸을 바쳐 저를 보호하려고 따라 들어갔다고 하셨습니다. 육신은 일흔이 넘으셨지만 마음은 젊어서 얼마든지 2단 옆차기로 몸을 날릴 수 있으셨나 봅니다. 사실 남태희 장로님은 세계적으로 잘 알려진 '태권도'라는 단어를 공동으로 만드셨고, 세계 태권도 연맹 총재를 지내셨던 분입니다. 그러나 복음을 받아들인 후 순수하게 믿고 감사하면서 어린 아이처럼 사셨기에 남태희 장로님은 분명히 천국에 가셨다고 저는 확신합니다.

예수님 당시 한 부자가 있었습니다. 이 사람은 부자일 뿐 아니라 젊음도 가졌고, 관원으로서 권력도 가진 사람이었습니다. 세상에서 성공이라고 부르는 모든 것을 가진 사람이었습니다. 이 부자가 예수님을 찾아와 어떻게 하면 영생 곧 천국에 갈 수 있느냐고 질문하였습니다. 주님께서는 그 청년의 속사람이 재물의 노예가 되어 있는 것을 보셨습니다. 그래서 재물을 다 팔아 가난한 자에게 나누어 주고 주님을 따르라고 하셨습니다. 그 청년은 근심하면서 잘못된 선택을 하고는 주님을 떠나버렸습니다. 몇 십 년 동안의 부유한 삶과 영생을 바꾸어 버리는 가장 어리석은 자가 되고 말았습니다. 어린 아이의 마음이 되어 그 복음을 받아 들였다면 그 청년은 영생 뿐 아니라 이 땅에서도 더욱 풍성한 복을 누리며 살았을 것입니다. 그래서 이 사건 바로 앞에 예수님께서는 어린아이들에게 안수하시고 축복하시면서 말씀하셨습니다.

"어린 아이들이 내게 오는 것을 용납하고 금하지 말라. 하나님의 나라가 이런 자의 것이니라. 내가 진실로 너희에게 이르노니 누구든지 하나님의 나라를 어린 아이와 같이 받들지 않는 자는 결단코 그 곳에 들어가지 못하리라."
마가복음 10장의 말씀입니다. (14, 15절)

지붕 위의 마른 풀

2013. 7. 7.

미국의 신문왕 조지프 퓰리처(Joseph Pulitzer)의 유언과 유산으로 창설된 퓰리처상은 기자들에게 가장 권위 있는 상으로 여겨집니다. 저널리즘의 노벨상으로 일컬어지는 이 상은 1942년부터 사진 부분이 추가되었는데 퓰리처상을 수상한 작품들은 많은 사람들에게 영향력과 공감대를 형성하고 있습니다. 이라크 전쟁이 한창일 때 이라크에서 전사한 남편의 관 앞에서 잠든 젊은 아내의 사진이 퓰리처상을 받았습니다. 남편의 장례식을 앞두고 마지막 밤을 남편과 함께 보내고 싶은 아내는 관 앞에 매트리스를 깔고 엎드렸습니다. 랩톱(laptop)에서는 남편과 함께 들으면서 사랑을 나누던 음악이 흐르고 있습니다. 음악 가운데 남편과의 사랑의 추억을 생각하면서 안기고 싶은 남편의 시신 앞에 잠이 들었습니다. 예복을 입고 관을 지키는 해병대 병사의 강한 힘도 여인의 아픈 마음을 지키지는 못합니다. 사랑하는 남편과의 많은 추억을 마지막으로 나누고 있는 이 여인의 가슴은 찢어질 듯 가장 깊은 고난의 밤길을 걷고 있을 것입니다.

이 여인에게만 절망의 밤이 있는 것은 아닙니다. 한창 인기를 끌던 탤런트 최진실 씨 남매를 비롯하여 여러 명의 연예인이 자살하였고, 정치계에서도 노무현 전 대통령 등 성공했다는 여러 사람들이 자살한 사실을 우리는 너무나 잘 알고 있습니다. 현재 한국은 세계에서 자살률 1위의 나라가 되고 말았습니다. 얼마나 고통이 컸으면 스스로 목숨을 끊었겠습니까만, 아무리 힘들어도 자살은 결코 바른 선택이 될 수는 없습니다. 우리 인생은 그런 환난과 고통 가운데 살도록 되어 있기 때문입니다. 성경의 한 시편 기자는 자기가 어렸을 때부터 괴로움이 따라다녔다고 호소합니다. 고통의 정도가 상상을 초월할 때도 있었는데 자신을 바닥에 뉘어 두고 그의 등 위에서 농부가 밭을 갈듯이 농기구로 골을 내고 트랙터로 등을 갈아엎는 것 같은 고통을 당하였습니다. 그래서 그는 이렇게 고백합니다.

"그들이 내가 어릴 때부터 여러 번 나를 괴롭혔으나 나를 이기지 못하였도다. 밭가는 자들이 내 등을 갈아 그 고랑을 길게 지었도다." (시편 129 : 2-3)

그러나 우리를 공격하는 마귀는 지붕의 풀 같은 존재일 뿐입니다. 지붕 위에는 통상적으로 흙이 없습니다. 오랜 세월이 지나는 동안 바람에 날아다니던 흙먼지가 지붕 기와의 움푹진 곳에 조금 쌓이게 될 뿐입니다. 그 흙 위에 날리던 씨앗이 떨어져 싹을 피웠다고 해도, 강한 햇빛에 말라버린 얕은 흙 위에 겨우 서있는 풀들은 쉽게 말라 버릴 수밖에 없습니다. 그나마 바짝 마른 두어 가닥의 풀들은 한 줌에도 차지 않습니다. 마귀는 사실 우리 주님 앞에 힘을 쓰지 못하여 그 머리에 치명상을 입고 멸망당하게 되지만, 그래도 마귀의 능력은 엄청나서 예수님의 발꿈치를 상하게 할 정도라고 성경은 말씀합니다. 마귀가 인간들에게 주는 고통이 아무리 크다고 하여도 하나님의 자녀들에게는 결국 지붕 위의 마른 풀 같은 존재일 뿐입니다. 하나님께서는 자녀된 성도들을 소시적부터 지켜주시기에 우리는 주님의 자녀된 삶을 살고 있는지를 살펴 볼 수 있어야 합니다.

저는 어머니 뱃속에서부터 교회에 다녔습니다. 주일학교에 다니면서 수백 번의 설교를 들었습니다. 그런데 지금까지 선명하게 기억나는 설교가 있습니다. 마귀의 공격을 연필로, 우리의 마음을 종이로 비유하면서 갑자기 뾰족한 연필로 종이를 푹 찌르던 설교였습니다. 우리는 연약하여서 마귀의 공격 앞에 쉽게 뚫릴 수 밖에 없습니다. 그러나 종이를 벽에 대고 찌르니 들어가지 않았습니다. 주님은 우리의 든든한 빽이 되십니다. 우리는 종이같이 연약하지만 주님이 우리의 빽이 되시면 뚫리지 않습니다. 하나님이 우리를 보호하실 때 마귀의 공격은 지붕 위에 싹을 낸 마른 풀에 지나지 않습니다.

> "무릇 시온을 미워하는 자들은 수치를 당하여 물러갈지어다. 그들은 지붕의 풀과 같을지어다. 그것은 자라기 전에 마르는 것이라."
> 시편 129편의 말씀입니다. (5, 6절)

달라야 건강한 교회입니다

2014. 2. 2.

저희 교회에서는 여름이면 국내외 지역으로 단기선교를 떠나곤 합니다. 건축 팀 중에 전문가가 있어서 에어 건(air gun)을 가지고 갔는데 에어 건은 망치와 못이 한꺼번에 붙어 있는 연장입니다. 나무에 대고 방아쇠를 누르면 '쉭쉭쉭' 하면서 못이 박히는데 '쉭' 소리 한 번에 망치질 열 번 할 일이 끝납니다. 순식간에 벽이 세워지고 십자가가 세워졌습니다. 그러나 이렇게 편리하고 힘 좋은 에어 건이 있다고 모든 일이 해결되지는 않습니다. 톱도 있어야 하고 대패도 있어야 하고 드릴도 있어야 합니다. 한 가지 연장만으로서는 할 수 있는 일이 매우 한정될 수 밖에 없습니다.

교회 안에도 한 가지만 잘 해서는 건강한 교회가 아닙니다. 로마에 가면 음대 유학생들이 대단히 많습니다. 그래서 로마에 있는 한인교회의 찬양대는 완전히 국립합창단 수준입니다. 그러나 다른 분야가 약한데 여기서는 교육을 맡아야 할 전도사님 구하기가 쉽지 않습니다. 그런가하면 텍사스주의 포트워드(Fort Worth) 라는 동네에는 신학생이 5,000명이나 되는 사우스 웨스턴 침례교 신학교가 있습니다. 도시는 작아서 교민은 별로 많지 않는데 한인 신학생은 수백 명이나 됩니다. 한 전도사님이 한 분야를 맡는 정도가 아니라 학급의 교사들도 모두 목사님이나 전도사님이지요. 찬양대도 전도사님들입니다. 그러나 직장이나 사업하는 분들로써 구성된 평신도가 많지 않다보니 선교할 힘이 부족합니다. 역시 건강한 교회가 아닙니다. 교회 안에 있는 다른 성도님이 나와 다른 것 때문에 불평할 일이 아니라 다르기 때문에 교회는 힘이 있음을 감사해야 합니다.

성도들이 서로 다른 것을 성경에서는 한 몸에 있는 여러 다른 지체로 설명하고 있습니다. 몸의 모든 지체는 각자 독특합니다. 그래서 손가락이 하는 일을 눈이 하지 못하고, 눈이 하는 일을 귀가 하지 못합니다. 또한 귀가 하는 일을 발이 할 수 없습니다. 교회에서 성경공부를 인도하면서 교회가 해야 할 가장 중요한 기능이 무엇인지를 질문한 적이 있었습니다. 어떤 분은 하나님이 기뻐하시는 찬양에 온 힘을 기울여야 한다고 하는가 하면, 어떤 사람은 교육에 힘써야 한다고 하였습니다. 어떤 이는 교회에서 선교를 빼면 교회가 아니라고 하는가 하면 어떤 분은 성도간의 교제가 가장 중요하다고 하였습니다. 모두가 맞는 말이지만 교회는 이 모든 것이 잘 조화가 되어야 합니다.

성도들이 처음 예수님을 믿게 되는 일들도 다양합니다. 어떤 사람은 극적인 경험을 통하여 예수님을 알고 믿게 되지만 어떤 사람은 예배와 성경공부를 통하여 순탄하고 조용히 예수님을 믿고 알게 됩니다. 바울은 극적인 경험을 통하여 주님을 알게 되었지만 디모데는 할머니와 어머니의 말씀을 듣고 배우면서 조용히 신앙 생활하는 중에 주님을 만나고 온전한 사람이 되었습니다.

축구는 서로 다른 포지션에서 자기가 맡은 역할이 다릅니다. 그러나 마지막 골을 넣는 사람이 있기까지 서로가 힘을 합하여 좋은 팀워크를 이룰 때 승리할 수 있습니다. 교회는 예수님을 믿는 사람들이 모여 다양한 봉사를 할 때 건강한 교회가 됩니다. 서로 다르다고 불평하지 말고 다르기에 우리 교회가 건강한 교회가 된다고 감사하시기 바랍니다. 그리고 각자의 은사를 따라 주어진 일에 충성하시기 바랍니다.

> "그에게서 온 몸이 각 마디를 통하여 도움을 받음으로 연결되고 결합되어 각 지체의 분량대로 역사하여 그 몸을 자라게 하며 사랑 안에서 스스로 세우느니라."
> 에베소서 4장의 말씀입니다. (16절)

변화되는 삶

2014. 1. 5.

한 강연회에서 청중들에게 실험을 하는 것을 본 적이 있습니다. 모든 사람들에게 '닌자 거북이'를 따라하게 하였습니다. '닌자 거북이', '닌자 거북이', '닌자 거북이', 이렇게 다섯 번을 따라 하게 한 후에 "세종대왕이 지으신 배가 무엇인가요?"하고 질문했더니 많은 사람들이 "거북선"이라고 대답하였습니다. 사실 세종대왕은 배를 만든 분이 아니고 한글을 창제하신 분인데 거북이를 몇 번 따라 하다 보니 세종대왕인지 이순신인지는 생각하지 않게 되었기 때문입니다.

세상을 따라 하다보면 스스로 세상을 본받게 됩니다. 우리는 세상을 이끌어 가야 할 사람들이지 세상을 본받고 따라가는 존재가 아닙니다. 세상은 지금도 자기들의 이권만을 위해 싸우라고 합니다. 손해 보지 말라고 합니다. 그런데 예수님께서는 작은 자, 섬기는 자가 큰 자라고 말씀하십니다. 세상의 원리와는 반대로 가는 역설의 진리를 말씀하십니다. 그러기 위해서는 우리의 마음이 새로워져야 합니다. 세상 방법이나 원칙이 아니라 하나님의 말씀과 천국의 상급을 바라보는 새로운 원칙이 필요합니다. 이런 마음을 가지는 것을 변화라고 하지요. 그래서 마음을 새롭게 함으로 변화를 받으라고 말씀합니다. 마음의 원칙이 새로워지지 않으면 결코 변하지 않습니다. 마음의 우선 순위가 새로워지지 않으면 변할 수 없습니다. 이렇게 변화된 사람은 하나님의 뜻을 생각하게 됩니다. 하나님이 얼마나 좋으신 분인지를 생각합니다. 하나님을 어떻게 기쁘게 해 드릴지를 생각합니다. 하나님의 시간과 계획이 얼마나 완전하신가를 생각합니다. 그래서, "너희는 이 세대를 본받지 말고 오직 마음을 새롭게 함으로 변화를 받아 하나님의 선하시고 기뻐하시고 온전하신 뜻이 무엇인지 분별하도록 하라."고 말씀 하십니다.

말씀은 사람을 변화시킵니다. 돈을 모으기 위하여 세상 사람들의 비난도 마다하지 않고, 동족의 눈물도 외면하던 삭개오는 뽕나무 위에서 듣게 된 한 마디 주님의 말씀에 마음이 새로워졌습니다. 하나님의 선하심을 확신하면서 하나님을 기쁘시게 해 드리기 위하여 그의 창고를 열었습니다. 곡식이며 옷이며 수없이 많이 쌓여있던 물건들을 마당으로 꺼내기 시작하였습니다. 창고가 절반이나 비도록 들고 나온 돈과 물건을 가난한 이웃들을 위하여 기꺼이 나누었습니다. 이것이 새로운 마음으로 인한 변화입니다.

한 사람이 변화되면 다른 사람에게도 변화를 일으킵니다. 일찍이 도산 안창호 선생은 1902년에 미국 캘리포니아의 한 신학교에 와서 5년 동안 영어와 성경을 공부하였습니다. 조선으로 돌아와 교육에 앞장섰던 그의 신앙은 사랑과 회개로서 사회를 변화시켜 나가는 것이었습니다. 도산 선생이 연설을 마칠 때는 모인 회중들과 함께 외치던 구호가 있었는데

"나가자!"라는 말이었습니다. "나가자!"는 "나라와 가정과 자신을 위하여"를 줄인 말이었습니다. 주위가 변하고 사회가 변화되기 원하는 그의 신념이었습니다.

도산의 변화는 남강 이승훈 선생을 변화시켰습니다. 남강은 도산의 연설을 듣고서 당장 세 가지를 실천하기로 결단하였습니다. 첫째는, 예수님을 믿고 성도가 되기로 하였습니다. 둘째는, 사재를 털어 오산학교를 설립하고 민족의 지도자들을 세우는 것이었습니다. 그리고 셋째는, 상투를 자르고 술을 끊는 변화의 삶을 살게 되었습니다.

남강의 변화는 한경직 목사님을 변화시켰습니다. 영락교회를 이끌면서 민족복음화 성회를 이끌었고, 월드 비전 등 수없이 많은 업적을 남기셨던 한경직 목사님을 통하여 수많은 영혼들이 변화를 받았고, 한국인으로 처음으로 템플턴상을 수상하였습니다. 변화는 또 다른 변화를 일으킵니다.

사랑하는 여러분, 우리는 변화되는 삶을 통하여 우리 가족이 변화되고, 우리 교회가 변화되고, 우리의 직장과 시카고와 나라가 변화되는 삶을 함께 만들어 나가시길 원합니다.

> "너희는 이 세대를 본받지 말고 오직 마음을 새롭게 함으로 변화를 받아 하나님의 선하시고 기뻐하시고 온전하신 뜻이 무엇인지 분별하도록 하라."
>
> 로마서 12장의 말씀입니다. (2절)

머리의 기름같이

2014. 4. 20.

밀라드 풀러(Millard Fuller) 씨의 이름은 생소할지 모르지만 그의 업적은 전 세계에 잘 알려져 있습니다. 밀러드 풀러가 법대에 다닐 때 친구들과 함께 책과 캔디를 우편으로 파는 우편판매의 아이디어를 1960년대에 처음 시작하면서 사업가의 재능을 나타내기 시작하였습니다. 변호사가 된 후에도 사업을 하였는데 아침마다 떠오르는 아이디어를 따라 시작만 하면 손대는 사업마다 성공을 거두었습니다. 29살의 나이에 밀라드는 이미 백만장자가 되었습니다. 250만 평의 토지 위에 지은 커다란 저택과 호숫가의 별장, 그리고 호화로운 보트와 최고급 승용차 등을 갖추고 살면서 휴일도 잊고 정신없이 사업을 확장해 가고 있었습니다. 그러던 어느 날 늦게 집에 돌아왔더니 아내와 아이들이 보이지 않았습니다. 경제적으로는 엄청나게 부유했지만 그 속에 행복은 없었습니다. 아내 린다는 짤막한 편지를 한 장 남기고 아이들과 떠나버렸습니다.

밀러드와 린다는 고등학교 때부터 만난 고교 커플이었습니다. 이들은 믿음 안에서 만나서 앞으로 하나님을 위해 헌신하기로 약속하였었습니다. 결혼하여 믿음의 가정을 이루었지만 밀러드의 천재적인 사업 수완이 도리어 영적인 삶보다 세상적인 성공으로 빠져가고 있었습니다. 하나님께 드렸던 서원을 점점 잊어가고 있는 동안 밀러드의 영혼은 날로 피폐해지고 있었습니다. 밀러드와 린다 부부는 자신들의 처음 결단을 다시 회복하기 위해 결혼 주례를 섰던 목사님을 찾아 갔습니다. 목사님은 돈과 명예를 버리고 하나님의 영광을 위하여 살라고 축복기도를 해주었고, 밀러드는 겸손하게 회개하고 그 말씀을 받았습니다. 이후 풀러 부부는 자신들이 살 집만 남겨두고 전 재산을 교회와 학교와 선교단체에 모두 기부하였습니다. 그 후 아틀란타의 한 기독교 공동체인 코이노니아에 갔을 때 땅은 있는데 주택이 없는 것을 보게 되자 그들과 함께 힘을 합하여 연립주택을 짓고는 무이자로 재료비를 상환하도록 하였습니다. 풀러 부부는 이런 방법이라면 집이 없는 사람들이 자신들의 힘으로 집을 소유할 수 있다는 새로운 꿈을 꾸게 되었습니다. 그 후 아프리카 콩고에 선교사로 3년간 헌신하면서 집값을 상환할 수 있는 사람들의 집을 지어주면서 이들의 아이디어가 미국과 콩고 뿐 아니라 전 세계에 통할 수 있다는 가능성을 보게 되었습니다. 1976년 두 사람은 미국으로 돌아와 '국제 해비타트 협회(Habitat for Humanity International)'를 창설하였습니다. 보금자리라는 의미를 가진 '해비타트' 운동은 이렇게 시작되었습니다. 재정이 없어 앞길이 막막하던 이들에게 어느 날 망치를 든 카터 전 대통령이 나타나자 전 세계에서 해비타트에 막대한 기부금이 모아지기 시작하였고 그 결과 풀러 씨는 죽을 때까지 전 세계 100여국의 나라에 30만 채의 집을 지을 수 있었습니다.

다윗은 가장 성공적인 왕이었지만 몇 번의 실수를 저질렀습니다. 자기의 왕궁 아래 살던 아름다운 여인 밧세바의 목욕 장면에서 그는 완전히 마음을 빼앗겼습니다. 나단 선지자가 찾아와 백성 중에 가난한 한 사람이 암양을 딸처럼 여기면서 키우는 이야기를 들려줍니다. 그런데 이웃에 살던 부잣집에 손님이 찾아오자 그 부자는 암양 새끼를 빼앗아다가 손님을 대접하였다고 하였습니다. 다윗은 화가 났습니다. 그런 사람은 죽어 마땅하다고 소리치자 나단 선지자는 “당신이 그 사람이라”고 지적합니다. 나단 선지자의 충고가 뼈아프게 들렸겠지만 다윗은 고맙게 들으면서 바로 꿇어 앉아 회개하였습니다.

다윗 왕이나 밀라드 풀러의 인생에서 가장 귀한 모습은 성공 가운데서도 의로운 충고에 귀를 기울일 수 있었다는 것입니다. 성공하는 사람일수록 잘못에 대한 충고를 인정하고 받아들이기가 쉽지 않습니다. 세상에 완전한 사람은 없습니다. 누구나 때로 잘못을 지적당하기도 합니다. 이 때 많은 사람들이 “그래, 너 잘났다.”, “너나 잘 하세요.” 하며 무시하고 지나가기 쉽습니다. 의인들은 책망을 머리의 기름같이 받았습니다. 머리의 기름은 환영한다는 표현입니다. 그래서 귀한 손님을 환영할 때 주인은 손님의 머리에 감람유 기름을 발라 주었습니다. 의인들은 충고를 들을 때 아프긴 하지만 은혜의 말씀으로 받았습니다. 회개할 줄 아는 사람이 믿음의 사람입니다.

“의인이 나를 칠지라도 은혜로 여기며, 책망할지라도 머리의 기름같이 여겨서, 내 머리가 이를 거절하지 아니할지라.”

시편 141편의 말씀입니다. (5절)

제 11 장

평강의 왕 예수님

약할 때의 강함

영적 징크스

세월호 트라우마

끝까지 달리는 인생

원수 같은 이웃

하늘에 쌓는 상급

평강의 왕 예수님

2014. 12. 7.

그리스 신화 중에 이런 이야기가 나옵니다. '불안의 신'이 강변에서 진흙 한 덩이를 가지고 이것저것 만들다가 사람의 형상을 만들었습니다. 마침 쥬피터 신이 지나가자 그에게 숨을 불어 넣어 달라고 하였습니다. 쥬피터 신이 숨을 불자 그 진흙 덩어리가 움직이더니 일어나 걸어 다니기 시작하였습니다. 정말 훌륭한 작품에 두 신이 감격하였습니다. 그런데 문제는 이 새로운 창조물인 사람에게 어떤 이름을 붙일까 하는 것이었습니다. 불안의 신은 자기가 만들었으니 자기의 이름을 따서 불러야 한다고 주장합니다. 그러자 쥬피터 신도 자기가 혼을 불어서 살아 움직이게 하였으니 자신의 이름을 따라 지어야 한다고 주장합니다. 때마침 '흙의 신'이 가만히 듣고 있다가 재료가 진흙인데 무슨 소리냐고 하면서 자기의 이름으로 지어야 한다고 주장하였습니다. 그래서 '불안의 신' '쥬피터 신', 그리고 '흙의 신'이 '시간의 신'에게 가서 묻기로 하였습니다. 자초지 종을 들은 후에 시간의 신이 이렇게 판결하였습니다. "이 사람이 세월이 지나 죽으면 숨을 불어 넣은 쥬피터가 그 혼을 다시 찾아가도록 하고, 육신은 흙에서 왔으니 그 몸을 흙의 신이 다시 찾아가도록 하시오. 또한 인간이 살아 있는 동안은 불안의 신이 주장하도록 하시오." 그래서 인간은 평생 불안한 마음이 떠나지 않는다고 합니다. 성경 이야기가 아닌 꾸며 만든 신화이지만, 모든 인간들이 지니고 사는 불안감을 설명하기 위해 만든 이야기입니다.

하나님이 없는 인간 세상은 불안하게 되어 있습니다. 예수님께서 이 땅에 오신 목적은 바로 이런 불안한 사람들의 마음속에 평강을 채워 주시기 위해 오셨습니다. 인간이 불안해하는 근본적인 뿌리에는 죄의 문제가 있습니다. 모든 인간은 죄인이지만 죄를 해결할 능력이 없기에 불안할 수밖에 없습니다. 그래서 예수님은 우리의 죄 값을 대신하여 십자가에 못 박혀 돌아가셨습니다. 예수님께서 죽음을 이기시고 부활하신 후 제자들을 만나 처음하신 말씀은 "너희에게 평강이 있을지어다." 하고 두 번이나 반복하셨습니다. 여기에 나오는 평강이란 단어는 샬롬인데 불안이 없는 상태를 말합니다.

2,700년 전에 신흥 제국 앗수르가 떠오르자 세 나라가 연합하여 대항하기로 하였습니다. 그런데 그 중에 한 나라였던 유대가 친 앗수르로 돌아서게 되자 이웃의 두 나라가 유대부터 없애야겠다고 침입해 들어옵니다. 아람이라는 나라는 유대 남쪽의 경제 도시 엘랏을 정복했고, 북쪽에 있던 이스라엘은 수도 예루살렘을 공격하여 용사 12만 명을 죽이고 20만 명을 포로로 끌고 갔습니다. 그런데 이 두 나라가 다시 연합하여 유대 나라를 공격한다는 소식을 접하게 되자 유대 왕과 백성들은 큰 숲이 바람에 흔들리는 것처럼 불안감에 떨었습니다. 이 때 하나님께서

이 두 나라의 협공으로부터 유대를 보호해 주시겠다고 약속하시면서 한 가지 징조를 예언하셨는데 곧 처녀가 잉태하여 아들을 낳는 일을 보게 될 것이라고 하셨습니다. 그러면서 그 아이의 이름을 임마누엘 곧 '하나님이 우리와 함께 하신다'고 부르라고 하셨습니다. 협공으로 인한 불안 가운데 주시는 평안을 약속하셨습니다. 이 예언은 2천 년 전 아기 예수님이 처녀 마리아를 통하여 이 땅에 오심으로 이루어졌습니다.

오랜 불경기로 얼어붙은 이민자들의 마음에 퍼거슨 사태는 우리를 더욱 불안하게 만듭니다. 또한 자동차 사고로 죽는 사람보다 총기 사고로 죽는 사람의 수가 더 많아지고 있습니다. 치안이 잘 되어 있고 지상의 낙원이라고 불리는 미국에 무엇인가 제동이 걸리는 이야기들입니다. 이 세상은 어디를 가든지 불안은 항상 존재합니다. 우리의 죄를 해결하시는 예수님만이 평화의 근본이요 평강의 왕이십니다.

> "이는 한 아기가 우리에게 났고, 한 아들을 우리에게 주신 바 되었는데 그의 어깨에는 정사를 메었고, 그의 이름은 기묘자라, 모사라, 전능하신 하나님이라, 영존하시는 아버지라, 평강의 왕이라 할 것임이라."
> 이사야 9장의 말씀입니다. (6절)

약할 때의 강함

2014. 7. 20.

한 나이 많은 스승이 모든 일에 늘 원망만 하는 한 제자를 불렀습니다. 그 제자에게 잔을 하나 가지고 오게 하더니 그 속에 소금을 한 웅큼 넣었습니다. 그리고 그 속의 물을 마시게 하더니 맛이 어떠냐고 물었습니다. 당연히 그 제자는 원망어린 음성으로 “아주 짭니다.” 하고 퉁명스럽게 대답하였습니다. 그리자 그 스승은 제자를 데리고 호숫가로 갔습니다. 이번에는 소금을 한 웅큼 쥐더니 호수에 뿌리라고 하였습니다. 그리고 호수 물을 한 번 휘 젓더니 다시 잔으로 호수 물을 떠서 마시게 하였습니다. 이번에도 맛이 어떠냐고 묻자 제자는 “시원합니다.” 하고 대답하였습니다. 그러자 스승이 말합니다. “인생의 고통은 소금과 같다네. 하지만 짠맛의 정도는 고통을 담는 그릇에 따라 달라진다네. 자네가 항상 고통 속에서만 살고 있다고 생각된다면 자네 마음이 그릇이 되는 것을 멈추고 스스로 호수가 되도록 해 보게.” 그렇습니다. 부자도 가난한 사람도, 배운 사람도 연약한 사람도, 재주가 많은 사람도, 자녀가 있는 사람도 없는 사람도, 모든 사람들에게 고통은 있기 마련입니다. 그러나 성도의 고통은 하나님께서 간섭 하시기에 결코 우연히 일어나지도 않고 무익하지도 않습니다.

놀라운 것은 은혜를 많이 받은 사람에게는 시험도 더 크다는 사실입니다. 시험이 큰 사람은 그 만큼 믿음의 분량도 크기에 모든 시험을 이길 힘도 함께 주십니다. 사도 바울은 신약성경의 절반을 기록할 만큼 큰 은혜를 받았고, 죽은 사람도 살리는 능력의 사람이었습니다. 그가 받은 계시가 지극히 컸기에 그에게는 특별한 사단의 가시 곧 육체적 고통에 시달려야 했습니다.

며칠 전에 시카고에 비가 오면서 번개가 많이 쳤습니다. 밤인데도 계속 내려치는 번개 때문에 대낮처럼 밝았습니다. 이 날 밤에 미국의 사진작가인 크레이그 쉬말라가 촬영한 사진을 보았습니다. 시카고의 자랑스러운 100층 정도의 고층 빌딩 세 개가 동시에 번개에 맞는 사진이었습니다. 피뢰침이 없었다면 거대한 빌딩들이 상당히 파괴되었을 것입니다. 이 사진을 본 네티즌들은 자연 앞에 우리 인간은 한없이 연약할 수 밖에 없다고들 말하였는데 전적으로 동감이 되었습니다. 인간의 약함을 알게 될 때 우리는 진정 하나님 앞에 바른 성도가 될 수 있습니다. 자신이 강한 사람은 하나님이 필요하지 않습니다. 하나님을 만날 수도 없고, 믿음이 생기지도 않습니다. 욥이 재산과 가족과 건강을 잃고 가장 약한 자가 되어 있을 때 하나님께서는 욥의 진정한 모습을 자연에 빗대어 보게 하셨습니다. 눈비와 바람과 번개 앞에, 또한 인간보다 월등히 힘이 센 공룡을 관리하시는 하나님의 손앞에 한없이 연약한 인간이 무슨 말로 하나님을 원망하거나 대적할 수 있겠느냐고 말씀하십니다. 이 때

욥은 회개하면서 하나님을 귀로 듣는 정도에서 눈으로 보는 정도로 성숙하게 됩니다.

엄청난 미디안의 군사 앞에 단 300명의 군사와 칼 한 자루 없이 싸우러 나온 기드온은 약함 그 자체였지만 하나님을 의지함으로 진정 강한 자가 될 수 있었습니다. 모세는 왕궁의 교육과 권세를 버리고 양치기가 되는 약함 그 때가 곧 강함이었습니다. 삼손은 괴력을 잃고 두 눈을 뽑히고 연자 맷돌을 돌리던 약함 그 때가 진정 강함이었습니다. 바울은 자신의 육체적인 가시 하나 해결하지 못하는 그 약함이 곧 강함이 되었습니다. 이런 믿음의 사람들은 자신의 것을 다 내려두고 하나님만을 높였기에 그리스도의 향기가 나는 사람들이 될 수 있었습니다.

> "그러므로 내가 그리스도를 위하여 약한 것들과 능욕과 궁핍과 박해와 곤고를 기뻐하노니 이는 내가 약한 그 때에 강함이라."
> 고린도후서 12장의 말씀입니다. (10절)

영적 징크스

2014. 6. 29.

스페인의 페르디난도 왕에게 한 점쟁이가 찾아와서 "왕이 마드리갈에 가면 죽으니 가지 말라"는 예언을 하였습니다. 마드리갈에 아름다운 왕의 별궁이 있었지만 이 예언이 마음에 걸려서 21년 동안 가보지 못했습니다. 페르디난도 왕이 어느 날 한 지방에 시찰을 가게 되었습니다. 참 아름다운 경치였습니다. 왕이 그 지방의 이름이 무엇이냐고 물자 한 신하가 '마드갈레'라고 대답하였습니다. 마드리갈이 아니고 마드갈레라고 대답하였지만 이 이름에 징크스가 있던 왕은 비슷한 이름을 듣는 순간 '억'하며 옆으로 쓰러지더니 죽었다고 합니다. 징크스의 문제입니다.

우리의 신앙생활에도 이런 영적 징크스가 있습니다. 징크스는 특별히 약한 부분을 말하는데 달란트와 반대되는 말입니다. 다른 사람은 쉽게 하는데 이상하게도 나에게는 그 일이 쉽지 않습니다. 이것이 영적 징크스입니다. 방언기도도 잘하고, 헌금생활에서도 누구보다 열심히 잘하는 어떤 집사님이, 이상하게 절대로 술을 끊지 못한다면 이 부분이 영적 징크스입니다. 남을 비방하는 말로써 자꾸 실수한다면 이것이 영적인 징크스입니다.

이런 영적인 징크스는 믿음의 조상 아브라함에게도 있었습니다. 조카 롯이 사는 소돔 땅이 멸망당하기에 앞서 의인이 열 명만 있어도 그 성을 용서하시겠다는 약속을 받아낼 만큼 아브라함은 기도의 사람이었습니다. 그런데도 미모의 아내 때문에 테러 당하여 죽을 것 같은 두려움과 불신앙이 그의 영적 징크스였습니다. 그래서 아브라함은 그랄 땅에 들어갔을 때 부끄럽게도 자신을 남편이 아니라 오빠라고 소개하도록 시켰습니다.

그런데 이 사건이 처음이 아닙니다. 똑같은 사건이 20여 년 전에 애굽 땅에 갔을 때도 나타납니다. 바로 왕이 사라를 왕궁으로 데리고 들어갔습니다. 아브라함이 아내를 여동생으로 소개하였기 때문입니다. 하나님께서 바로 왕에게 나타나셔서 그 결혼을 중단시키셨기에 아브라함 가족은 무사히 나올 수 있었습니다. 그 후 20 여 년이 지나면서 믿음이 훨씬 원숙해졌지만 아브라함은 똑같은 실수를 반복합니다. 이번에도 그랄 땅 아비멜렉 왕이 아브라함의 동생인 줄 알고 사라를 왕궁으로 데리고 갑니다. 자기 아내가 다른 남자의 성적 욕망을 채우는 하나의 도구로 전락하려는 위험에 빠지게 만듭니다. 전혀 믿음의 조상답지가 않습니다. 그런데 이것이 우리의 모습입니다. 기도하면서도 어느 부분에 약합니다. 영생을 믿으면서도 일터에서 역사하시는 하나님을 믿는데는 약합니다. 밖에서는 기쁘게 봉사하면서도 가정에서는 미소가 없습니다. 아브라함의 징크스가 우리에게도 있습니다.

그러나 하나님께서는 이 일을 위하여 이미 수십 년 전부터 아비멜렉 왕가의 모든 태를 닫아 두셨습니다. 그리고 이 일로 아브라함 가정을 무사히 보호하셨습니다. 하나님께서는 이렇게 일하십니다. 우리의 연약한 부분을 위하여 이미 해결책을 마련해 두셨습니다. 더 이상 징크스에 붙잡혀 실패하지 마시기 바랍니다. 하나님의 자녀들에게는 영적인 징크스가 더 이상 존재하지 않습니다. 우리의 연약함을 도우시는 하나님이 계시기 때문입니다.

"이와 같이 성령도 우리의 연약함을 도우시나니, 우리는 마땅히 기도할 바를 알지 못하나 오직 성령이 말할 수 없는 탄식으로 우리를 위하여 친히 간구하시느니라."
로마서 8장의 말씀입니다. (26절)

세월호 트라우마

2014. 6. 8.

옛날에 어떤 농부가 연못에서 놀고 있는 자라를 잡으려고 연못 속으로 손을 집어넣었다가 손가락이 물렸습니다. 자라의 강한 이에 물려 손가락에서 피가 흐르자 놀란 그 농부는 바로 집으로 달려갔습니다. 특별한 비상 약품이 없던 옛날에는 된장이 이런 자상에 최고의 약이었습니다. 그런데 부엌에 들어서니 커다란 자라가 엎드려 있었습니다. 깜짝 놀란 농부는 뒤로 나자빠지면서 비명을 질렀습니다. 이 소리를 들은 아내가 안방에서 나와 그 광경을 보고서 한 말이 무엇일까요? "자라 보고 놀란 가슴 솥뚜껑 보고 놀란다."는 말은 그래서 생겼다고 합니다.

사랑하는 사람이 옆에 있다가 갑자기 테러범들이 쏘아대는 총에 맞아 죽으면 엄청난 충격을 받으면서 트라우마(trauma)가 생깁니다. 그리고 또 다시 총소리가 들리거나 그것과 유사한 상황이 발생하면 그때의 공포와 불안 증상을 나타내게 됩니다. 이런 트라우마는 공포와 불안

뿐 아니라 불면증, 악몽, 환각 등 다양하게 나타나고 심한 경우 신체 일부가 마비되는 증상을 일으키기도 합니다. 세월호에서 살아남은 학생들이나 승객들은 당분간 배를 타지 못할 것입니다. 큰 물소리가 들리고, 몸이 기우뚱 넘어지면 선박 침몰과 비슷한 상황이 되면서 극도의 불안과 공포에 시달릴 것입니다. 이런 트라우마를 치료하는 상담가들은 한결같이 재난에서 누군가를 비난하기에 앞서 희망적이고 힘을 줄 수 있는 말을 하라고 합니다. 다른 사람 뿐 아니라 자신도 탓하지 않도록 노력하면서 비난이나 절망이라는 단어 보다는 희망이나 사랑, 자비라는 단어를 사용하도록 구체적으로 말하고 있습니다. 이것은 성경에서 이미 제시하고 있는 방법이기도 합니다.

가장 심각한 트라우마를 앓았던 사람들이 있었다면 노아의 가족일 것입니다. 이들이 방주에 들어간 후 40일 동안 비가 쏟아지면서 지상의 모든 사람과 짐승들이 다 죽었습니다. 빗소리와 함께 죽어가는 사람들의 비명 소리가 그들의 뇌리에 깊이 남았을 것입니다. 이들이 일년 열흘만에 방주에서 나왔지만 땅에는 시체들이 있었을 것이고, 먹구름으로 하늘이 캄캄해지면 노아의 식구들은 또 다시 홍수가 터질까봐 불안해지면서 트라우마에 시달렸을 것입니다. 이렇게 불안과 초조에 시달리던 노아 가족에게 절대로 홍수로 멸망당하지 않을 것이라는 소망으로 하나님께서는 노아의 식구들을 치료해 주셨습니다. 이 약속이 바로 무지개였습니다. 이 무지개 속에는 예수님의 십자가를 통한 복음이 내재되어 있습니다. 노아가 방주에서 나와서 정결한 짐승을 태워 드리는 번제를 드렸더니 하나님께서 기쁘게 받으시면서 다시는 홍수로 멸하지 않으시겠다고 약속하셨습니다.(창 8 : 20, 21) 이 번제를 드리기 위해 죽은 짐승은 바로 예수님의 그림자입니다. 죽음으로써 죄값을 치른다는 것입니다. 우리 죄를 위해 십자가에서 돌아가신 예수님을 의미합니다. 우리의 죄성을 봐서는 이 땅을 홍수로 백번이라도 뒤집어야 하겠지만 그 번제물의 향기 때문에 다시는 홍수를 쏟지 않으시겠다고 약속하십니다. 죄인된 우리의 마음속에 무지개가 뜨려면 예수님을 믿어야 합니다.

영국에 윌리엄 카우퍼(William Cowper)라는 유명한 시인이 우울증에 시달리면서 1년 반 동안 정신병원에 입원하기도 하였고, 몇 번이나 자살을 시도하였었습니다. 죄의식 속에 항상 우울했던 그가 로마서를 읽다가 우리의 죄를 용서하기 위해 돌아가신 십자가의 보혈을 믿음으로 구원받는 진리를 깨닫게 되자 절망에서 소망으로 바뀌었습니다. 그 마음속에 무지개가 떴습니다. 그는 이런 아름다운 찬송시를 썼습니다.

"샘물과 같은 보혈은 주님의 피로다.
보혈에 죄를 씻으면 정하게 되겠네.
정하게 되겠네. 정하게 되겠네.
보혈에 죄를 씻으면 정하게 되겠네." (찬송가 258장)

사랑하는 여러분, 무지개 되신 예수님을 믿어 죄를 용서받고 멸망의 공포에서, 지옥의 트라우마에서 해방되시기 바랍니다.

"내가 구름으로 땅을 덮을 때에 무지개가 구름 속에 나타나면, 내가 나와 너희와 및 육체를 가진 모든 생물 사이의 내 언약을 기억하리니 다시는 물이 모든 육체를 멸하는 홍수가 되지 아니할지라."
창세기 9장의 말씀입니다. (14, 15절)

끝까지 달리는 인생

2014. 6. 15.

페티 윌슨이라는 소녀는 간질병으로 고생하였습니다. 그 아버지 짐 윌슨 씨는 딸의 건강을 위해 딸과 함께 달리기를 하기로 하였습니다. 페티는 뛰는 데 소질이 있었는데 훈련을 거듭 할수록 점점 잘 달렸습니다. 페티가 고등학교에 진학하면서 세계에서 가장 긴 거리를 달리는 여자가 되고 싶다고 포부를 밝혔습니다. 당시 기네스북에는 128 km 뛴 것이 최고 기록이었습니다. 고등학교 1학년 때 페티는 캘리포니아의 오렌지 카운티에서 샌프란시스코까지 643 km 달리겠다고 목표를 잡았는데 정말 그 먼 거리를 주파하였습니다. 2학년 때는 친구들과 가족들이 함께 따라오면서 응원하는 가운데 오렌지 카운티에서 오레곤 주 포틀랜드까지 2,400 km를 주파하였습니다. 그리고 고등학교 3학년 때는 오렌지 카운티에서 세인트 루이스까지 3,200 km의 먼 거리를 완주하였습니다. 마지막 4학년이 되었을 때는 장장 4개월 동안 4,800 km를 달려서 백악관까지 입성하여 대통령과 악수를 하였습니다. 달리는 도중 발에 부상을 당하여 의사가 더 이상 달리지 말라고 하였지만 페티는 말하였습니다. "나를 위하여 달리는 것이 아니라 간질병을 앓으면서 정상적인 사람들과의 사이에 생긴 깨어진 관계를 회복하기 위해 뛰고 있기에 중단할 수 없습니다." 이 소식이 전국에 보도되면서 간질병을 위하여 1,900만 불의 모금이 모아졌습니다.

디모데후서에서 바울은 자신의 생명이 얼마 남지 않은 황혼기에 서 있는 것을 보면서 지난날의 인생을 '달려갈 길' 곧 마라톤 경주 코스로 비유하고 있습니다. 우리는 마라톤을 하고 있습니다. 장거리 경주입니다. 신앙생활이란 한 달 두 달에 끝나지 않습니다. 우리의 전 생애를 두고 계속 목표를 향해 달려야 합니다.

다윗 왕도 계속 달렸습니다. 왕이 되었다고 달리기를 중단하지 않았습니다. 골리앗과 싸울 때 주위 사람들의 시선이 모두 부정적이었지만 그는 달리기를 포기하지 않았습니다. 장인에게 쫓기고, 아들에게 쫓겨 다니면서 싸우는 전쟁은 이방인 원수들과의 싸움보다 훨씬 고통스러웠지만 다윗은 중단하지 않았습니다. 밧세바와의 간음 사건 후 주저앉고 싶었겠지만 그는 다시 일어섰습니다. 인구 계수 사건으로 가장 큰 시련을 겪었지만 다윗은 그래도 일어나 계속 달렸습니다.

베드로도 계속 달렸습니다. 전설에 의하면 평생을 주님을 위해 살던 베드로는 로마에서 기독교 박해가 한창일 때 로마에서 피신을 떠났습니다. 로마가 내려다 보이는 언덕을 넘어가려고 할 때 마침 그 언덕을 넘어 로마 쪽으로 오시는 주님을 만났습니다. "주여 어디로 가시나이까?" 하고 베드로가 여쭙자, 주님은 대답하십니다. "네가 로마를 버리고 떠나기에 내가 그 십자가를 대신 지러 간다." 그 자리에서 베드로는 다시 로마로 돌아가서 거꾸로 십자가에 못 박혀 죽을 때까지 충실하게 끝까지 달렸습니다.

사랑하는 여러분, 우리의 인생길이 아름답고 편안한 꽃길을 지날 때도 있지만, 힘들고 피곤한 광야를 지날 때도 있습니다. 당장 이해할 수 없고, 힘든 길이 앞을 가로 막는다고 하여도 마라톤을 뛰는 선수처럼 끝까지 달려서 마침내 승리의 면류관을 얻으시는 여러분들이 되시기 바랍니다.

> "나는 선한 싸움을 싸우고 나의 달려갈 길을 마치고 믿음을 지켰으니, 이제 후로는 나를 위하여 의의 면류관이 예비되었으므로 주 곧 의로우신 재판장이 그날에 내게 주실 것이며, 내게만 아니라 주의 나타나심을 사모하는 모든 자에게도니라."
> 디모데후서 4장의 말씀입니다. (7, 8절)

원수 같은 이웃

2014. 9. 28.

저주시로 알려진 시편 109편은 다윗이 썼는데 그 내용이 아주 살벌합니다. 원한과 미움이 가득한 것이 다윗 같은 믿음의 사람의 글이라고는 믿어지지가 않습니다. 다윗의 됨됨이가 이 정도 밖에 되지 않는가 하는 의구심에 당혹감이 들 정도인데 이렇게 노래하고 있습니다.

"그의 연수를 짧게 하시며, 그의 직분을 타인이 빼앗게 하시며,
그의 자녀는 고아가 되고 그의 아내는 과부가 되며,
그의 자녀들은 유리하며 구걸하고, 그들의 황폐한 집을 떠나 빌어먹게 하소서.
고리대금하는 자가 그의 소유를 다 빼앗게 하시며, 그가 수고한 것을 낯선 사람이 탈취하게 하시며,
그에게 인애를 베풀 자가 없게 하시며, 그의 고아에게 은혜를 베풀

자도 없게 하시며,

그의 자손이 끊어지게 하시며, 후대에 그들의 이름이 지워지게 하소서."(시편 109 : 8-13)

과연 믿음의 성도가 이런 기도를 드려도 되는 것일까요? 저주의 시를 원수 같은 이웃을 향한 시로 보면 안 됩니다. 다윗에게는 원수 같은 존재로서 사울 왕이 있었습니다. 사울 왕이 특수부대 3,000명을 이끌고 와서 다윗을 죽이려 할 때 다윗은 더 이상 피할 곳이 없어서 한 굴속으로 피신하였습니다. 말 그대로 사망의 골짜기 한 가운데 있었습니다. 그러나 이 때 사울 왕이 혼자 용변을 보기 위해 다윗과 그의 부하 600명이 숨어있는 굴속으로 들어왔습니다. 아무도 모르게 사울 왕을 죽일 수 있는 기회였습니다. 그러나 다윗은 사울 왕을 치지 않고 그의 옷자락만 베고는 그가 돌아가도록 기다렸습니다. 만일 다윗 왕의 저주의 시가 원수 같은 이웃을 겨냥한 것이었다면 그는 이 때 사울 왕을 치고 그의 가족까지 전멸 시켰을 것입니다. 이런 저주시는 원수 같은 이웃이 아니라 하나님의 공의의 성품에 초점이 맞추어져 있습니다. 하나님의 사랑을 버리고 죄인의 길을 걷게 되면 반드시 심판을 피할 수 없는 것이 하나님의 공의입니다. 예수님의 수난을 통하여 성도는 구원의 길을 걷게 되고, 마귀와 죄인들은 멸망의 길을 가게 되는 것이 하나님의 공의입니다.

우리는 이 땅에서 다른 이웃들을 저주하지 말고 축복해야 합니다. 예수님께서 70인의 제자들을 두 명씩 짝지어 전도하러 보내시면서 이렇게 분부하십니다. "어느 집에 들어가든지 먼저 말하되, 이 집이 평안할지어다 하라. 만일 평안을 받을 사람이 거기 있으면 너희의 평안이 그에게 머물 것이요, 그렇지 않으면 너희에게로 돌아오리라." (누가복음 10 : 5,

6) 우리가 이웃을 저주하면 저주가 돌아오고, 축복하면 축복이 돌아옵니다. 메아리나 부메랑처럼 심는 대로 거둡니다.

다윗이 아들 압살롬의 반란에 쫓겨 도망갈 때 시므이가 돌을 던지면서 다윗을 저주하였습니다.(삼하 16 : 7) 그러나 결국 그 저주가 자기에게 임하여 솔로몬 왕에게 처형당하였습니다. 가롯 유다는 예수님의 12제자 중 하나로서 가장 축복 받을 인생이었지만 마귀에게 빠져 저주를 심었더니 그 저주가 자기에게 임하였습니다. 유대인들이 축복을 외면하고 주 예수님을 배척하였기에 그 저주가 그들에게 임하여 2,000년을 유리방황하였고, 그들이 누려야할 축복은 신약교회로 옮겨와서 우리에게까지 임하였습니다.

사랑하는 여러분, 우리 모두 이웃을 사랑하고 격려하며 축복하십시다. 원수 같은 이웃이라 할지라도 축복을 심고 축복의 열매를 맺으시기 바랍니다.

"너희를 박해하는 자를 축복하라. 축복하고 저주하지 말라. 즐거워하는 자들과 함께 즐거워하고 우는 자들과 함께 울라…… 아무에게도 악을 악으로 갚지 말고 모든 사람 앞에서 선한 일을 도모하라."
로마서 12장의 말씀입니다. (14, 15, 17절)

하늘에 쌓는 상급

2014. 11. 16.

얼마 전에 대학 시절 가장 친했던 동기생을 한 명 만났습니다. 이 친구는 선장 출신으로서 외국 보험회사에서 일을 하다가 자신의 사업을 시작하였습니다. 그 회사는 해상에서 사고가 났을 때 그 사고의 정확한 배상금액을 조사해 주는 회사였습니다. 자동차 사고가 나면 배상금액을 정해 주는 사람이 있는데 그것보다 규모가 수천 수만 배 크다고 생각하면 됩니다. 보험회사들이 한국에서 일어난 해난사고의 보상액을 산정하기 위해 이런 회사를 이용하는데 과거 태안반도 기름 누출사고를 맡아서 조사했던 회사이고, 지금도 그 사고에 버금가는 호남탱커 기름 누출 사고를 맡아서 일하고 있습니다. 이 친구의 가정에 세 아들이 있었는데 그 중에 막내가 준수하게 잘 생겼습니다. 어려서부터 영국으로 건너가 영재교육을 시켰는데 음악을 잘하여서 학교 오케스트라의 악장을 맡았던 아이입니다. 캐나다에서 고등학교를 다닐 때 미술에서도 탁월한 소질이 있어 여러 상을 받았고, 거기에 운동까지 잘하여 고등학교 럭비 팀의 주장으로 뛰면서 그 해 캐나다에서 최우승 팀으로 이끌었습니다. 졸업식에서는 그 학교를 빛낸 학생에게 주는 특별상도 받았습니다. 공부도 잘하여 존스 합킨스 대학원에 진학하여 공부하고 있었는데 3년 전에 한국에 방문 왔다가 가족 여행을 떠나기 전날 밤 잠을 자다가 갑자기 심장마비로 사망하였습니다. 스무세 살의 자랑스러운 아들을 보내고 부모는 병이 났습니다. 부신피질 호르몬이 0으로 떨어졌는데 이것은 큰 충격을 받았을 때 생기는 현상으로 면역력이 전혀 없는 위험한 상태가 되는 병이었습니다. 다행히 부부가 잘 회복을 하였지만 마음고생은 이루 말할 수 없었습니다. 지난 3년 동안 친구 부부는 모든 것을 하나님 앞에 내려놓고 새로운 헌신을 결단하는 시간을 보내었습니다. 부인은 신학교에 진학하였는데 앞으로 가난한 미자립 교회 목회자들을 위해 작은 부분을 감당하려는 소원을 두고 준비하고 있습니다. 아주 부유하게 살던 친구였지만 이 일을 위해 자신들의 호화로운 집을 정리하는 과정 중에 있었습니다. 이 땅에서 성공한 친구였지만 이제 이 땅의 상급보다는 하늘나라의 상급을 더욱 귀하게 여기며 살기로 결단하였습니다.

성도들에게는 이 땅에 쌓는 상급이 있는가 하면, 하늘나라에 쌓는 상급도 있습니다. 이 땅에서 인기를 얻고, 더 많은 재산을 모으고, 세상 사람들이 말하는 성공에 우리는 더 많은 관심을 가지기 쉽습니다. 그러나 잠깐만 생각해 보면 이 땅의 100년의 행복과 상급보다는 천년 동안 누릴 상급이 더 귀한 것이고, 만년, 천만년, 천억년 천조년 천경년…… 이런 세월과는 비교도 할 수 없는 영원한 하늘나라에 쌓는 상급과 행복이 훨씬 고귀한 것임을 충분히 인식할 수 있습니다. 히브리서 11장에는 많은 믿음의 선조들이 등장합니다. 이들은 한결 같이 이 땅의 상급보다 하늘나라의 상급을 훨씬 귀하게 여겼기에 희롱과 채찍질, 결박과 시험, 돌질과 가난과 학대, 때로는 산속 토굴에도, 사자굴에도, 불속에도, 칼날에도, 심지어 자녀의 죽음까지도 감당하였습니다.

믿음장의 선조들은 이 땅의 쾌락이나 상급보다 상 주시는 하나님을 바라보며 살았습니다. 날 위해 십자가에서 돌아가신 주님의 손과 발에 우리의 손과 발을 포개고, 주님과 함께 죽고 주님과 함께 살면서, 이 땅의 상급보다는 영원한 하늘의 상급을 더욱 쌓으시기 바랍니다.

> "그리스도를 위하여 받는 수모를 애굽의 모든 보화보다 더 큰 재물로 여겼으니 이는 상 주심을 바라봄이라."
> 히브리서 11장의 말씀입니다. (26절)

에필로그

이삼 년 전에 한 장로님 부부가 저희 교회 사무실에 찾아 오셨습니다. 한국에 사시는 분들인데 시카고에 사는 딸집에 방문 왔다가 우연히 아가페 교회에서 만든 「사랑을 나누며」라는 CD를 들으시고는 너무 좋았다고 하시면서 다른 CD들도 있으면 구하고 싶다고 하셨습니다. 그러면서 저희 교회 예배실을 한 번 볼 수 있겠느냐고 하셔서 기꺼이 안내해 드렸습니다. 예배실의 불을 켜고 앉아 기도를 드리다가 이상하게 그 순간 장로님 내외분을 위해 기도해 드리고 싶은 강한 충동을 느꼈습니다. 물론 처음 뵙는 분이고 이름도, 사정도 전혀 아는 것이 없는 분이었지만 기도하고 싶은 감동이 계속 생겨나서 "장로님 위해서 기도해 드려도 될까요?" 하고 물었습니다. 장로님이 좋다고 하셔서 간절히 기도드리는 데 성령님께서 강하게 역사하셨습니다. 기도 후에 저희 교회에서 만든 「사랑을 나누며」 CD 몇 장을 찾아 드렸더니 가지고 가셨습니다.

몇 달 후에 그 장로님으로부터 연락이 왔습니다. CD 내용으로 책을 내면 좋지 않겠느냐고 하셨습니다. 어차피 방송 칼럼 원고가 컴퓨터에 다 저장이 되어 있었기에 보내 드렸습니다. 나중에 알고 보니 그 장로님은 한국에서 출판계의 큰 별이었습니다.

그런데 지난 주에 그 장로님께서 다시 시카고 딸집에 방문 오셨다고 하면서 교회에 찾아오셨습니다. 놀랍게도 가편집된 책을 들고 와서 전해 주셨는데 현재 과정이 책 출판에서 90%의 공정이 끝난 상태라고 하셨습니다. 돌이켜 보면 우연히 만난 기회에 기도해 드리고 싶다는 감동이 있었고, 그 기회를 놓치지 않고 붙잡고 기도 드렸더니 눈물이 쏟아졌고, 눈물을 보신 장로님이 감동하더니 책이 한 권 나오게 되었습니다.

바울이 전도여행을 다니면서 여러 교회들을 개척하였습니다. 빌립보 교회를 개척한 후 바울이 전도여행을 계속하러 떠났을 때 빌립보 교인들은 바울의 복음사역을 물질로 돕기 시작하였습니다. 여러 교회를 개척하여 세웠지만 선교헌금을 보낸 교회는 이 빌립보 교회가 유일하였습니다. 그래서 빌립보서에는 "빌립보 사람들아 너희도 알거니와 복음의 시초에 내가 마게도냐를 떠날 때에 주고 받는 내 일에 참여한 교회가 너희 외에 아무도 없었느니라." (빌 4:15) 고 기록하고 있습니다. 빌립보 교회에서는 계속하여 바울을 도우려 하였지만 어떤 이유로 인하여 기회가 막혔습니다. 그러다가 바울이 로마 감옥에 갇힌 것을 알게 되면서 에바브라디도 편에 다시 구제헌금을 모아서 보냈습니다. 바울이 꼭 필요할 때 받은 선교헌금이기에 감사하면서 쓴 편지가 빌립보서입니다. 2,000여년의 기독교 역사에서 사도 바울이 가장 중요한 인물이 될 줄 알았다면 어느 교회가 바울 사역을 돕는 기회를 놓쳤겠습니까? 여러 교회들에게 바울을 도울 기회가 있었지만 그 기회를 잡았던 교회는 빌립보 교회가 유일하였습니다.

사랑하는 여러분, 교회에서 봉사할 기회를 요청 받았다면 지체하지 말고 봉사하시기 바랍니다. 평생에 봉사할 기회가 그렇게 많지 않습니다. 봉사할 수 있는 기회가 주어진 것에 감사하며 충성하시기 바랍니다. 그 기회를 놓치면 하나님께서는 다른 사람을 통하여 일하실 것입니다. 그리고 기회를 놓친 사람은 축복도 잃어버릴 것입니다. 기회를 놓치지 않도록 에스더 왕후에게 권하던 모르드개의 말이 가슴을 울립니다.

> "너는 왕궁에 있으니 모든 유다인 중에 홀로 목숨을 건지리라 생각하지 말라. 이때에 네가 만일 잠잠하여 말이 없으면 유다인은 다른 데로 말미암아 놓임과 구원을 얻으려니와, 너와 네 아버지 집은 멸망하리라. 네가 왕후의 자리를 얻은 것이 이때를 위함이 아닌지 누가 알겠느냐?"
> 에스더 4장의 말씀입니다. (13, 14절)

Foreign Copyright:
Joonwon Lee
Address: 127, Yanghwa-ro, Mapo-gu, Chomdan Building 6th floor,
Seoul, Korea
Telephone: 82-70-4345-9818
E-mail: jwlee@cyber.co.kr

목사님, 베드로도 뱃사람이었습니다

2016. 4. 5. 1판 1쇄 인쇄
2016. 4. 12. 1판 1쇄 발행

지은이 | 신광해
펴낸이 | 이종춘
펴낸곳 | BM 주식회사 성안당
주소 | 04032 서울시 마포구 양화로 127 첨단빌딩 5층(출판기획 R&D 센터)
10881 경기도 파주시 문발로 112(제작 및 물류)
전화 | 02) 3142-0036
031) 950-6300
팩스 | 031) 955-0510
등록 | 1973.2.1 제406-2005-000046호
출판사 홈페이지 | www.cyber.co.kr
ISBN | 978-89-315-7930-7 (03230)
정가 | 13,000원

이 책을 만든 사람들
책임 · 진행 | 최옥현
교정 | 이태원
본문 디자인 | 이지연
표지 디자인 | 박원석
홍보 | 전지혜
국제부 | 이선민, 조혜란, 김해영, 김필호
마케팅 | 구본철, 차정욱, 나진호, 이동후, 강호묵
제작 | 김유석